LA VIE DE

SAINT-JUST

par

EMMANUEL AEGERTER

nrf

10ᵉ édition

LIBRAIRIE GALLIMARD

PARIS 3, rue de Grenelle 1929

LA VIE DE

SAINT-JUST

DU MÊME AUTEUR

POÉSIE

La Chimère dans le Parc. (Éditions Lemerre), 1914.
Les Comédiens d'Elseneur. (Éditions Delalain), 1922.
Les Ames sous l'Autel. (Éditions de la Pensée Latine), 1924.
Dix Poèmes Freudiens. (Éditions de la Griffe), 1927. Prix Alfred de Musset de la Société des Auteurs.
Poèmes d'Europe. (Éditions Albert Messein), 1929. Prix National de Poésie.

ROMAN

La Minute du Mandarin. (Éditions Delalain), 1921.

THÉATRE

Une Halte de Don Juan, pièce en trois actes et en vers, représentée pour la première fois le 14 avril 1921, par le Nouveau Théâtre Libre, sur la scène du Théâtre Antoine. (Éditions de la Renaissance artistique), 1921.

HISTOIRE

L'EVANGILE ETERNEL.
    I. *Vie de Joachim de Flore.*
    II. *L'Evangile Eternel.* Première traduction française. (Éditions Rieder), 1928.

CRITIQUE D'ART
(à paraître prochainement)

Masaccio.

SAINT-JUST

(Musée Carnavalet)

LA VIE DE

SAINT-JUST

par

EMMANUEL AEGERTER

nrf

10ᵉ édition

LIBRAIRIE GALLIMARD

PARIS 3, rue de Grenelle 1929

BIBLIOGRAPHIE

La Bibliographie de Saint-Just n'est pas très étendue. J'ai toutefois écarté de celle-ci des études déjà anciennes ou qui n'apportaient rien de nouveau, et retenu, par contre, de simples notes publiées dans des revues, qui jettent une lumière sur quelque détail intéressant. A cette documentation j'ai joint, pour la préparation de ce volume, la lecture des jugements portés sur Saint-Just par un certain nombre d'historiens. Peut-être est-il bon de rappeler, précisément, au seuil de cette liste, les portraits brefs et célèbres que brossèrent, du jeune Conventionnel, Lamartine dans ses *Girondins*, et Taine dans ses *Origines de la France Contemporaine*.

*
* *

CHABRE. — *Notes sur la famille de Saint-Just.* Annales Révolutionnaires. T. VI, p. 411, 1913.

CUVILLIER-FLEURY. — *Portraits politiques et révolutionnaires,* 1882.

DEJENTE. — *La vérité sur Saint-Just,* 1905.

DOMMANGER Maurice. — *La famille du conventionnel Saint-Just à Nampcel,* (Oise). Annales révolutionnaires. T. VI. p, 257, 1913.

FLEURY Édouard. — *Etudes révolutionnaires.* — *Saint-Just et la Terreur,* 1852.

Grazie E. Delle. — *Sämtliche Werke*, Leipzig. T. II, 1903-1904.

Hamel Ernest. — *Histoire de Saint-Just, Député à la Convention Nationale*. 2 vol. 1859.

— *Saint-Just (Louis-Antoine de Richebourg)*. Gr. in-8. 1863.

Kritschewsky S. B. — *J.-J. Rousseau und Saint-Just. Ein Beitrag zur Entwicklungsgeschichte der Social-politischen Ideen der Montagnards*. Bern.

Laurent Camille. — *Curiosités révolutionnaires*. Charleroi, 1901.

Leblanc J. — *Vies secrètes et politiques de Couthon, Saint-Just, Robespierre jeune, complices du tyran Robespierre et assassins de la République*. An II. [1]

Leneru Marie. — *Saint-Just*, 1922.

Lenotre G. — *Paris révolutionnaire*. — *Vieilles maisons, vieux papiers*, 1900.

Loudun Eugène. — *Saint-Just*, 1876.

Mathiez A. — *Rousseau, Robespierre, Saint-Just et Couthon jugés par Buonarroti*. Notes relevées sur un ms. de la Bibliothèque Nationale. Annales révolutionnaires. T. V, p. 93, 1912.

— *Un faux rapport de Saint-Just*. Annales révolutionnaires. T. VIII, p. 599, 1916.

Nodier Charles. — *Souvenirs de la Révolution et de l'Empire*, 1850.

Patoux L. Abel. — *Saint-Just et Madame Thorin*. Origines de la famille Saint-Just, 1878.

Pilon Edmond. — *Portraits français*, 1904.

Pol Stéphane. — *De Robespierre à Fouché*. Notes de police.

Regis Alfred. — *Curiosités révolutionnaires. Saint-Just, membre du Comité de Salut Public de la Convention*

---

1. Malgré son titre prometteur, cette brochure ne contient que les calomnies courantes des contre-révolutionnaires sur Robespierre et son groupe. Elle ne mérite guère d'être consultée que comme échantillon du genre.

Nationale (1767-1794). Son emprisonnement sous Louis XVI en exécution d'une lettre de cachet. Documents inédits publiés par M. Alfred Régis.

— *Curiosités révolutionnaires. Saint-Just et les bureaux de la police générale du Comité de Salut Public en 1794.* Notice historique par Augustin Lejeune, chef des bureaux. Documents inédits publiées par M. Alfred Régis, 1896.

SAINTE-BEUVE. — *Causeries du Lundi.* T. V.

SERIEYS. — *Entretiens historiques et politiques de plusieurs grands personnages qui ont vécu depuis 1789 jusqu'à la fin de 1815,* 1816.

TAYLOR Ida A. — *Revolutionary Types.* (Londres), 1904.

VELLAY Charles [1]. — *Un ami de Saint-Just : Gateau.* Annales révolutionnaires. T. I, p. 64 et 265, 1908.

VIDAL Gaston. — *Saint-Just.* Collection des Maîtres de la parole, 1923.

WOLFF Johann-Daniel. — *Wichtigste Epoche der Revolution des Niederrhein unter dem Triumvirat der Tirannen Robespierre, Saint-Just, und Couthon.*

1. M. Charles Vellay a donné un *Essai de Bibliographie de St-Just* (1910) précieux par sa documentation.

AVANT-PROPOS

Saint-Just fut terrible en des jours terribles. Nous n'avons pas à l'absoudre : qui donc sonderait les cœurs? Nous n'avons pas à le défendre : son ombre sanglante et hautaine ne demande nul avocat. Moins sévère, mais plus complexe, notre effort sera de le comprendre.

C'est à Paris qu'il faut méditer sur son destin, dans ce Paris ancien que pressent et couronnent les tours carrées de Notre-Dame, la masse sculptée du Louvre, les tours rondes de la Conciergerie. Ces îles, ces quais, dans l'un des plus beaux paysages du monde, furent, pendant des siècles, un décor d'ordre impérieux et de beauté durable autour des grands mouvements révolutionnaires. C'est là, vraiment, alors que les hautes architectures se découpent sur un ciel pommelé, alors que s'arquent les ponts entre les arbres d'un vert profond, alors que la ville offre tout son charme idéaliste et septentrional, c'est là que nous évoquons dans la lumière la plus révélatrice ce François du Nord, grave, froid, lucide. Ce cadre de vieille France s'accorde à son dur génie pour qui la révolution n'est que l'établissement de l'ordre.

Car Saint-Just est, essentiellement. un François,

en ce sens qu'il parle éloquemment de la Liberté, mais qu'au fond il lui préfère la Justice — ou plutôt qu'en dernière analyse il ne conçoit la Liberté que sous la forme de la Justice. Il n'incarne pas le tribun qui libère les foules, mais le législateur qui organise la Société. Comme il a dû détester Danton !

Il est un Français, encore, par son désir de faire bénéficier tout le continent des idées de justice sociale élaborées dans son pays, et par là même il apparaît également, dans l'acception présente du mot, l'un des premiers Européens. Il ne faut jamais oublier qu'il a prononcé, à la tribune de la Convention, la chaude et lumineuse phrase : « Le bonheur est une idée neuve en Europe », la phrase qui semble répondre à d'innombrables sanglots étouffés dans le temps et l'espace. Comme il a dû aimer Jean-Jacques !

J'aborde sans prévention l'histoire de ce jeune homme inexorable, qui se voua aux idées avec une sorte d'abnégation monastique, et mourut pauvre. Nous verrons ses fautes, ses erreurs, et s'il y a lieu, ses crimes. Mais que s'éteignent, devant la guillotine, les épithètes imagées et faciles ! Du cabinet de travail protégé par la police, il est aisé de blâmer, dans le silence des méditations, les actes commis dans le bruit de la lutte et l'odeur des paniques, sous le dur empire de la nécessité.

Ce volume, dans ma pensée, se rattache à celui que j'ai publié sur Joachim de Flore, à celui que je compte écrire sur Lénine. Ces trois hommes si dissemblables, le moine médiéval, le conventionnel français, le bolcheviste russe, sont trois grands mystiques de la Justice. Les disciples du premier rêvaient de la réaliser dans une humble et terrestre préfiguration de la cité de Dieu, en étendant à toute la vie sociale les règles du cloître.

Le second a essayé de la réaliser politiquement par l'organisation d'une société platonicienne, sous l'égide et en présence de l'Etre suprême. Le troisième s'est efforcé de la concrétiser dans l'instauration d'un communisme athée. L'Evangile Eternel, la Déclaration des Droits de l'Homme, la Thèse Marxiste, sont trois saisissantes étapes de l'humanisation de la Justice.

Ce n'est pas ici le lieu de rechercher ce que peut perdre ou gagner le concept de Justice à se vider de tout contenu spiriualiste : aussi bien l'histoire de Saint-Just offre-t-elle, limitée à ses seuls événements, son intérêt propre et de suffisants horizons. Mais je tenais à situer dans un plus vaste ensemble l'auteur de cet essai de construction d'une itcé humaine dont n'excluait pas l'espérance.

I

Le 9 Thermidor, après tant d'années, fourmille
encore d'énigmes, aussi bien dans sa préparation
sournoise et dans l'enchaînement de ses péripéties,
que par ses conséquences immédiates ou lointaines.
Peu de dates historiques éveillent plus de curiosité,
permettent autant d'interrogations. La chute de
Robespierre sauva-t-elle seulement une bande de
trafiquants épouvantés ? Dès Fructidor, le Comité
de Salut Public eût-il cassé les décrets de terreur,
signé la loi de clémence réclamée par Camille Desmoulins ? Eût-il enfin appliqué la Constitution de
1793 ? Le maintien au pouvoir d'hommes rudes, mais
purs de toute affaire d'argent, mais imprégnés jusqu'aux moelles de la conception civile de l'État, eût-
il évité à la France les chatoyantes décompositions
du Directoire, et les triomphes meurtriers de la dictature militaire ? Le problème est insoluble. Mais ce
qui paraît hors de doute, c'est que parmi les deux ou
trois philosophes sociaux dont la tête tombait, ce
couchant de Juillet, Saint-Just s'affirmait comme le
chef futur d'un tel gouvernement. Quelques biographes, devant sa jeunesse impérieuse, ont songé à
Bonaparte. Il y avait certainement là, sous le front
de ces deux jeunes gens, l'un déjà célèbre, l'autre

encore à peu près inconnu, deux conceptions du monde vigoureuses mais inconciliables : il est infiniment probable que, Saint-Just vivant, Bonaparte eût échoué. L'inflexibilité glacée, le souci farouche de légalité du député républicain eussent assuré l'avortement de l'Empire. C'est Thermidor qui a permis Brumaire, et Michelet a fort bien indiqué ce point. Mais si reconstruire le passé sur des conjectures est un jeu vain, nous pouvons toutefois, étudiant la psychologie d'un des plus célèbres parmi les adversaires de Tallien et de Billaud-Varennes, chercher s'il fut vraiment le jeune homme atroce et théâtral que peindra Sainte-Beuve (théâtral ? Il n'y a pas de théâtre quand on agit au péril de sa tête, et que l'on meurt vraiment à la fin du drame), ou bien, mystique lui-même, le fondateur de la mystique républicaine. Et nous pourrons voir en même temps si, malgré les violences, les fautes, les luttes sanglantes, ce ne fut pas, à la veille d'un régime matérialiste, l'idéalisme qui succomba.

Antoine de Saint-Just naquit à Decize, le 25 août 1767. Époque de l'année pesante d'orage, heure du siècle lourde d'attente. La monarchie est dans l'indécision. D'affreuses survivances du passé le plus sombre obscurcissent les chaudes lueurs spirituelles qui tentent, ici et là, de percer les nuées, et cette année 1767, sans fulgurance spéciale, n'offre qu'un sourd éclat. Le roi vieillissant de la France géographique muse, splendide et fatigué, entre deux règnes de favorites : voici deux ans déjà que le Bien-Aimé a salué, d'une indifférence cynique, le cercueil de la Pompadour s'éloignant sous la pluie, et ce n'est que l'année suivante que la Cour verra Mme de Béarn lui présenter Mlle L'Ange, demoiselle de magasin fraîchement mariée avec le sieur Guillaume du Barry, frère de son précédent amant. Louis XV a pour l'instant une distinction ennuyée, et laisse Choiseul, l'œil vif dans un visage laid, parer aux coups du sort avec une bonne grâce de gentilhomme. Les princes de la France intellectuelle, les maîtres du véritable avenir, ne sont pas plus brillants. Rousseau, apeuré, frissonnant, poursuivi par la folie, vient de débarquer d'Angleterre, se fait appeler Renou, loge à Fleury-sous-Meudon chez le Marquis de Mirabeau, lit l'Astrée, se repaît de sa lointaine aventure avec Mme de Warens en écrivant le cinquième livre de ses confessions, et va bientôt, relancé par la hantise, s'enfuir pour Trye : la sensibilité s'enlise dans de gras souvenirs. Voltaire, lui, ridé, voûté, son sourire en coin sur son menton en sabot, crée des haras, croise des tulipes, fait imprimer son terriblement ennuyeux et justement sifflé *Octave* ; Évêque du scepticisme, il publie sa lettre pastorale à Monseigneur l'Archevêque d'Auch, et songe à communier aux Pâques de 1768 : l'ironie s'empêtre dans le sacrilège. Les récoltes sont mauvaises. Le froment vaut sept livres et quatre sous. Octavien Diodati vient d'annoter la réédition de l'*Encyclopédie*, qui paraît à Genève. Les noires multitudes attendent quelque événement. Et dans la bonne ville d'Arras un petit écolier de neuf ans, maigre et chafoin, le cœur à vif tout blessé d'inégalité, ronge du latin dans une classe sombre. Cependant, au milieu de cette torpeur la génération des grands aventureux du rêve et de l'action se prépare : dans les deux années qui vont suivre naîtront Chateaubriand et Bonaparte.

Decize fume d'usines, dans une échancrure d'eau

fraîche et lente. La vieille cité blasonnée d'or à lion de sable, aux débris féodaux et religieux, dominait du lourd édifice de son prieuré l'île dans laquelle grondait une des premières agglomérations de travailleurs, anxieuses déjà du droit ouvrier à créer. Contraste saisissant, mais inutilisable dans ces pages. Decize n'a rien donné à Saint-Just, que son acte de baptême, signé de Saint-Just de Richebourg, Robinot, curé, parrain, dame Françoise Ravard, marraine, Renault, maréchal-des-logis des gendarmes d'Orléans et Robinot. Presque aussitôt la ville établie sur les mines de fer, sur les veines de gypse, la ville aux rougeoyantes fêtes du travail, la ville familiale où son grand-père Léonard Robinot, conseiller du roi, est grenetier du grenier à sel, disparaît de sa vie. Il ne peut même pas en emporter la vision de flamme, de nuit et de ruines, au cœur de la Loire traînante et verte.

Il n'avait pas plus d'un an, en effet, lorsque son père démissionnait de son grade de maréchal des logis aux gendarmes d'ordonnance du duc de Berry. M. de Saint-Just, figure d'ombre sous son catogan poudré, les yeux durs, le nez violent en bec de rapace sur une bouche d'ennui, remâchait depuis longtemps ses déceptions de carrière. Il s'était marié tard, vers la cinquantaine, avec M\u1d49ˡˡᵉ Marie-Anne Robinot, plus jeune que lui de vingt ans, et qui nous apparaît, à travers les souvenirs et les anecdotes, douce, bonne, vaguement résignée, toute recueillie dans une chaude affection, très sensible et un peu désarmée. En 1769, le père de M. de Saint-Just mourut, vieillard nonagénaire, à Nampcelles, où il achevait de vivre en régisseur du domaine seigneurial de M. de Buat. La place offrait quelque agrément pour un retraité. M. de Saint-

Just quitta donc l'ingrate gendarmerie, s'arrangea pour obtenir la situation paternelle, et demeura huit ans dans ce petit village de Thiérache, médiocre et triste, à vivre de ses deux petites rentes, des émoluments de son nouvel emploi, et de ses souvenirs militaires.

Enfance, atonie. Le petit Antoine grandit dans un paysage humide et sombre, creusé de vallons, cerné de forêts. Ces horizons courts, aux noires verdures, ne lui apprendront nulle gaieté ; l'entourage familial ne lui inculquera nulle exaltation du cœur. La vie, dans l'étroit domaine, se trouvait limitée comme le paysage, et piétinait sur elle-même indéfiniment. Deux petites filles vinrent très vite compléter la famille, Louise-Marie-Anne en Septembre 1768, Marie-Françoise-Victoire en 1769 : le quinquagénaire rattrapait le temps perdu.

Les jours après les jours. L'ancien brigadier n'était pas plus loquace en retraite qu'en activité, traînait les plus longues heures de ses loisirs à jardiner ou à lire ; Mme de Saint-Just s'occupait des enfants, des travaux familiers ; et, le soir, à la table commune éclairée d'une trouble chandelle, le petit Antoine, quand M. de Saint-Just troublait le silence fruste, ne devait entendre que de brèves récriminations contre l'armée, dont les hauts grades se trouvaient réservés aux seuls nobles, et contre le système des avancements qui ne s'accordaient qu'à la faveur. Mme de Saint-Just devait approuver d'une voix lente. L'enfant écoutait ces regrets trop connus, puis regardait, par la fenêtre, la terre crépusculaire, les dernières lueurs sur la forêt, l'ennui battre des ailes aux vitres. Ce fut alors qu'il éprouva le sentiment de l'injustice générale, qui fut l'originale et l'obscure assise de sa conception de la vie. Rien, ou presque, ne troublait la monotonie des êtres et des choses. Le seul événement, pendant des années, fut l'annonce de la promotion du 28 mai 1772, qui apportait à l'ancien brigadier la croix de Saint-Louis. Antoine grandissait ainsi, replié sur lui-même, méditatif avant l'âge, mais déjà de caractère vif, indocile, avec, autour de lui, l'austérité de la famille et les grandes mélancolies du paysage. Les étés demeuraient comme des fruits verts : le pâle soleil du Nord ne les mûrissait pas. Mais les longs hivers passaient avec une lenteur noire. Les forêts sèches, brutales, emplissaient l'horizon d'une désolation hérissée. Des chasseurs poursuivaient les sangliers en maraude, à coups de fusil et d'épieu. Le petit Antoine écoutait les détonations lointaines. Et parfois, sous les nuages, des cygnes livides volaient lourdement.

Au bout de huit ans, M. de Saint-Just se lassa. Fatigué peut-être lui-même de cette uniformité, désireux plus probablement de devenir enfin son maître, il acheta à Blérancourt, d'un sieur Lefebvre, une assez vaste maison sise rue des Chouettes, tout près de la route de Noyon.

Le paysage, en ces confins des plaines du Nord, paraissait moins sombre, ouvrait des avenues à l'imagination, se révélait actif et vivant. De faibles ondulations. Beaucoup d'arbres encore, en groupes dans les prairies grasses où des bœufs noirs et blancs, immobiles, tachetaient l'herbe. Les routes de ces régions, aux premières pluies, se changent en longs miroirs. Mais, certains soirs, une atmosphère irisée caresse la terre, cette sorte de grâce molle, un peu triste, des beaux sites romanesques où l'on sent que dorment des bonheurs qui ne demandent qu'à être réveillés.

Et puis, surtout, une curieuse géographie spirituelle
se dessinait maintenant autour de l'enfant. Certes,
des forêts épaisses encombraient toujours l'horizon,
mais leurs ténèbres grouillaient d'êtres, s'emplissaient du tintement des cloches, de la rumeur des
scieries, du halètement des manufactures. La forêt
de Saint-Gobain couvrait tout l'est, enfermait à la
fois dans sa nuit verte l'illustre abbaye des Pré-
montrés, ruche cloîtrée d'où essaimèrent, aux siècles
dorés du Moyen-Age, plus de dix-huit cents communautés, et la manufacture de glaces, avec son peuple
inquiet et violent d'ouvriers ; plus près, dominant le
pays, l'énorme masse de Coucy-le-Château, déman-
telée, livrée au saccage du peuple depuis cent ans,
évoquait, hallucination qui blasonnait les soirs, toute
la sombre terreur militaire ; vers le nord, le lourd
château d'Héristal, où Charles-le-Chauve signa l'édit
qui créait administrativement la féodalité, tendait
son ombre vers l'Oise. Plus au nord encore, bruissait
Chauny, avec sa filature, ses usines, ses corporations,
sœurs de celles de Saint-Gobain. Enfin la route qui
passe devant la maison Lefebvre, la route droite s'en
va vers Noyon, vers la ville où naquit Calvin.

Paysage différent, mêmes personnes. La vie de
famille continua là comme à Nampcelles. Les petites
filles, grandissantes, animaient la vieille maison de
leurs danses roses, de leurs jeux gais, entouraient leur
grand frère d'une affectueuse admiration qui ne se
démentira jamais. M. de Saint-Just, toujours impassible, bêchait, lisait, se promenait, ombre taciturne,
sous une charmille noire. Dans tout le village on révé-
rait le retraité, décoré de la croix de Saint-Louis.
Quant à Antoine, mâté en apparence, mais prêt à

s'émanciper brusquement, il sentait peser sur lui un joug uniforme et silencieux qui l'irritait. Le paysage l'entourait de tentations ardentes. Tantôt il regardait vers Coucy-le-Château, vers la haute forteresse militaire, déchirée, dont les paysans tiraient maintenant des pierres pour consolider les chaumières ou borner leur champ. Tantôt il jouait sur cette route en fuite vers Noyon, vers la ville d'où partit, près de deux cent cinquante ans auparavant, un homme dur, rébarbatif, qui devait faire braiser sur un bûcher de bois vert le médecin hostile à ses opinions sur la consubstantialité des trois Personnes de la Sainte-Trinité. Donjons abattus, vieilles âmes agressives, il semblait qu'on respirât, dans ce coin provincial, un air de révolte et d'absolutisme.

Un jour, le 8 septembre 1777, un événement douloureux endeuilla la famille de Saint-Just. L'ancien brigadier mourait, à soixante et un ans, ayant peut-être l'impression d'avoir manqué sa vie, sans savoir que ce petit garçon vers lequel il jetait un dernier regard le vengerait de sa carrière tronquée sur la société dont il briserait les castes, sur l'armée dont il libérerait les cadres, sur le roi dont il abattrait le trône. Tout Blérancourt suivit le convoi funèbre. Et le soir Mme de Saint-Just se retrouva dans la triste maison de la rue des Chouettes, avec trois enfants de dix, neuf et huit ans sur lesquels reposaient tous ses espoirs, et de médiocres rentes.

Le jardin s'ouvrait, désert. Jamais plus le vieux M. de Saint-Just ne se promènerait, rude et muet, sous la charmille noire. C'était l'époque où l'on brûle les herbes, et d'épaisses fumées tiquetées d'étincelles tournaient sur les prairies. Le petit garçon, près de ses sœurs en robes noires, avait le cœur tout serré. Coucy-le-Château, le souvenir de Calvin, la forêt où psalmodiaient les moines, où les ouvriers polissaient les glaces, la forêt scintillante de cloches et de miroirs se dressait autour de lui. Il ne savait pas. Il ne saurait que plus tard. Étonné, désespéré par cette brusque apparition de la mort, il ne pouvait pas voir encore de la fenêtre où il s'accoudait, dans les hauts symboles qui entouraient et enchantaient son enfance, les images de sa propre vie.

II

Dans ce bourg triste, sous les ciels du Laonnois souvent ballonnés de nuages pourris, Mme de Saint-Just vécut des jours difficiles. Son fils, libéré d'une tutelle silencieuse mais énergique, ne pouvait guère comprendre, à dix ans, les soucis qui l'obsédaient. Indiscipliné, frondeur, il s'emporta presque aussitôt, entraîné par la violence de son sang et, mêlé aux gamins de son âge, il emplit vite Blérancourt de ses querelles, de ses rixes, de ses escapades. Le futur élégant revenait souvent en lambeaux. Mme de Saint-Just manquait de la fermeté nécessaire : enfermée dans sa maison, économisant avec prudence, craintive de l'avenir, elle ne réprimandait que faiblement ce bel enfant aux jolies boucles qui levait vers son visage désolé de si tendres yeux bleus. Enfin, comprenant bien qu'elle ne pourrait l'élever convenablement, prévoyant que, dans quelques années, ces escapades prendraient une autre et plus dangereuse allure, désireuse, d'autre part, de lui assurer une situation, elle décida de l'envoyer au collège de Soissons.

Le collège Saint-Nicolas était alors célèbre dans toute la région. Fondé par Maître Jehan de Farmoutiers, chanoine de la cathédrale, sous le vocable de l'Hôpital des pauvres clercs de Saint-Nicolas, il se trouvait, à la fin du xviiie siècle, dirigé par les Oratoriens, dont l'ordre constituait moins une congrégation qu'un groupement de prêtres associés sous l'immédiate juridiction de l'Evêque. Plusieurs personnages fameux plus tard à divers titres venaient d'y achever ou y poursuivaient encore leurs études : tels Fouché, Daunou, ou l'avocat Fiquet, futur agitateur de Soissons aux heures révolutionnaires. Ses bâtiments un peu solennels et tout blancs s'encastraient dans une impasse sous les remparts, et l'on apercevait, de la rue Saint-Christophe, la porte d'entrée monumentale dont les colonnes doriques supportaient Pallas et Cérès. Leur reconstruction datait de vingt ans, et Monseigneur de Fitz-James en avait béni les nouvelles architectures. Les jours de congé, les élèves se rendaient à Vignolle, où les Oratoriens possédaient une maison de campagne, heureuse dans les arbres, léguée par le chanoine Portier. Un principal, un préfet, et huit régents assuraient la direction et l'enseignement. Au moment où Saint-Just y travaillait, le P. Sulpice-Marie de Molis était Principal et professeur de philosophie, le P. Rousseau Préfet des Études, et le P. Mannès professeur de rhétorique.

L'éducation y était forte, non point purement latine et littéraire comme elle le resta fort longtemps sous l'influence des Jésuites dans la plupart des établissements français. Les Oratoriens, moins unifiés par la constitution même de leur ordre, montrèrent toujours une plus grande souplesse de direction, une tendance assez forte à accepter les conceptions modernes. Ils enseignaient en français les sciences naturelles, les mathématiques et la géométrie, fournissaient de suffisantes notions d'histoire et de géographie. De plus, lorsque le jeune Saint-Just entrait à Saint-Nicolas, un immense effort se tentait par suite du renvoi des fils de Saint-Ignace et sous la direction ardente de la Chalotais et de Roland, pour reformer et moderniser l'enseignement. Mais quelque excellente que fût, pour l'époque, l'éducation des Oratoriens, quelque bien aménagé que fût le collège Saint-Nicolas, le jeune Saint-Just s'y déplut profondément. La discipline lui pesait. Pour crépis que fussent les murs, ils étaient ceux d'une prison. Il songeait à la libre campagne qui s'étendait, toute proche, au-delà des remparts, à Blérancourt, à la vieille rue des Chouettes dont la charmille offrait de si fraîches ténèbres ; il songeait aussi à la ville qui bourdonnait autour du collège, mystérieusement. S'il faut écarter certaines traditions qui le montrent antipathique à ses condisciples, il convient de noter qu'il demeura surtout farouche, assez distant, avec de longues périodes de rêverie. Comme Robespierre, mais sans acidité, il ressentait dès lors assez rudement les inégalités sociales. Dès qu'il parvint aux hautes classes, il lut passionnément Platon, Montesquieu et Rousseau. Montesquieu surtout l'enfiévrait. Il traduisait avidement Tacite. Il devait se souvenir, plus tard, de l'un et de l'autre. Mais surtout il commença de développer dans l'internat ce côté taciturne de son caractère que son père lui avait légué.

Ainsi passèrent de lentes années, sous la bénigne férule des prêtres. Le petit Antoine devenait un adolescent, et chaque fois qu'il reparaissait à Blérancourt sa mère le trouvait transformé. Il prenait, à Soissons, le goût des vêtements élégants, des raffinements d'attitude. Pendant ses congés, il éblouissait ses jeunes sœurs par d'extraordinaires cravates, les amusait par son habileté de dessinateur, les intriguait par les essais de poèmes qu'il rimait, souvent à l'éloge de la religion. Il parlait de la ville comme d'un monde plein d'énigmes. Enfin, le changement devint complet. Jeune homme, il ne put éviter la fatuité charmante de ceux qui sont, ou qui vont être des amants. Il se présentait maintenant avec le titre et sous le nom de Chevalier Léonard Florelle de Saint-Just de Riche-bourg. Ses études finies, il fit un voyage à Paris, laissa entendre qu'il y avait été initié à l'amour par des dames de qualité, et revint à Blérancourt en vainqueur de boudoir.

Cette brève époque de sa vie, assez confuse d'ailleurs, a provoqué d'assez vives controverses entre les détracteurs inflexibles qui le traitèrent de séducteur et de voleur et d'intransigeants apologistes qui, s'acharnant à la peinture d'un jeune homme grave, voué à la chasteté redoutable des Amants de l'Idée, nièrent aussi bien ses bonnes fortunes de mauvais sujet que sa fâcheuse vente de bijoux familiaux. Malheureusement pour ces dialecticiens, il demeure trace du divorce de Mme Thorin, et les archives ont gardé toutes les pièces relatives à la détention du jeune Saint-Just. Aussi bien ne vaudrait-il pas mieux, acceptant franchement ces documents authentiques, tâcher de s'expliquer sa conduite, s'efforcer de comprendre son évolution spirituelle, que de se refuser à l'évidence ?

Ses bonnes fortunes ? Nous connaissons de façon certaine ses amours avec Mlle Gellé. Son escapade ? Elle est peu reluisante, certes, mais elle nous apparaît

surtout sous l'aspect d'une frasque de jeune homme.
Et puis, pour l'aventure de volupté comme pour
l'aventure d'argent, rappelons-nous tout d'abord qu'il
s'agit d'un garçon de dix-huit ans. Du collège, où il
vivait étouffé, ennuyé, Saint-Just sort violent d'un
désir d'aventure et de gloire. Et que trouve-t-il ?
Pour le présent, la morne existence de la maison maternelle ; pour l'avenir, une situation médiocre dans une
dormante province. Ce hameau de Blérancourt, qui
lui apparaissait un tendre et verdoyant paradis quand
il l'évoquait dans ses vagues rêveries et ses jeunes
désespoirs de Saint-Nicolas, se révèle une prison,
maintenant qu'il l'habite. Le quitter ? Sans doute.
Mais par le choix de quelle carrière ? Il se rappelait
les récriminations de son père, il savait que seuls les
nobles accèdent aux grades élevés, aux premières
fonctions, et malgré la sonorité du titre sous lequel
il se présentait, il ne devait guère avoir d'illusion sur
la valeur de sa particule. Cependant sa mère s'inquiétait, le poussait à ce choix difficile. Il possédait bien
une petite fortune personnelle — il vendit une terre
avant de partir pour la Convention — mais tout
à fait insuffisante, et les revenus de la famille se révé-
laient maigres. Lui, enfiévré, tourmenté par ce démon
que sentent les prédestinés chargés d'un avenir puissant, hésitait, tergiversait. Il sentait son destin en
lui comme un ordre, et confusément, attendait son
heure.

Veille pathétique de grands événements, ces quelques années sont lourdes du silence énervant qui
précède les orages sociaux. Lui se contracte, s'épuise
d'espérances. Il rêve d'agir, mais sa puissance d'action
ne trouve pas à s'employer. Demain, tout à coup, il

se fixera. Ce jeune homme qui vibrait d'une passion ardente dans son désir, mais encore vague dans son objet, ce jeune homme qui cherchait vainement à quelle grande cause dénouer son orgueil et sa violence, deviendra le froid amant de la Justice. Mais ce soir, dans ce hameau perdu, avec son cœur brûlant, comment l'amour simple et généreux, comment l'amour ne le tenterait-il pas ?

L'histoire de son aventure ne va pas sans une intense mélancolie. Maître Gellé, notaire royal au bailliage de Coucy-le-Château, avait une fille. Louise-Thérèse Sigrade Gellé, grasse et blonde, offrait à la vie un tendre visage, piqueté de taches de rousseur. Saint-Just la remarqua. Elle était un peu son aînée, mais si jeune d'allures, d'enthousiasme, et d'un cœur si passionné ! Songea-t-il, sinon à la dot — jamais il ne tint à l'argent — du moins à la situation que lui procurerait un tel mariage ? Fut-il plus simplement séduit par cette jeunesse fraîche, heureuse, prête à se donner en fleur au premier serment d'éternité ? Il était beau, d'une élégance dont il ne se départira jamais, éloquent déjà. Elle fut conquise et, par un printemps de cette fin de monde, le vieux manège des adolescents recommença une fois de plus. *Le Mariage de Figaro* n'avait pas vingt ans. Le tabellion surveillait sa fille, suspectait le galant. Saint-Just rusa, profita d'un baptême où l'un des métayers le priait d'être parrain pour demander Mlle Gellé comme marraine. Le soir dut être infiniment doux, des violons jouaient des passacailles. On dansa sous les peupliers. L'irascible tabellion eut beau redoubler de vigilance, la vieillesse, comme dans toute comédie galante du temps, fut bernée. Quels rendez-vous furent pris ?

Quelles complicités furent acquises ? Bientôt Mlle Gellé devint la maîtresse de Saint-Just. Il est aimable de croire que ce fut en ces journées enchantées où l'adolescent et la jeune fille s'aimèrent que Saint-Just sentit s'éveiller en lui ce sentiment de vie calme et rustique et des amours cachées sous les grands arbres qui passera, comme un souffle embaumé, comme un frisson vert, au milieu de ses idéologies futures. Toujours, depuis ces heures charmantes, il aura l'attente véhémente du bonheur. Il oubliera — il ne voudra plus reconnaître Mlle Gellé : n'est-ce pas, cependant, du fond de ces soirs de Blérancourt que montera en lui, toujours anxieuse et toujours inapaisée, la soif de la paix voluptueuse ? Le notaire ne désarma pas. Donner sa fille à un garçon qui dessine, qui rêve, qui rime ? Maître Gellé manquait d'imprévu, et se conforma dignement à la plus stricte tradition. Le 25 juillet, il mariait Thérèse à M. François Thorin, fils du receveur de l'enregistrement du canton.

Comment réagirent les deux amants ? Nous verrons plus tard que Mlle Gellé ne se résigna pas. Nous ne pouvons, ici, qu'imaginer l'indignation, les fureurs, les invectives du jeune Saint-Just. Devant le scandale imminent Mme de Saint-Just éloigna son fils, qui partit pour Paris. Deux semaines plus tard, il reparaissait rue des Chouettes. Et c'est à ce moment que se place l'épisode, certes très regrettable, qui a soulevé l'indignation de Taine : « Voleur domestique, écrira l'auteur des *Origines de la France contemporaine*, s'effarant qu'un tel homme ait pu parler ensuite de vie idyllique et de vertu, voleur domestique de couverts d'argent qu'il est allé vendre et manger à Paris, dans une rue de prostituées. »

Très vite, il comprit qu'il ne pourrait rester plus longtemps à Blérancourt. L'atonie y devenait de plus en plus terrible pour ce cerveau désespéré. A la lettre, le village l'étouffait. Que sa maîtresse ait si facilement accepté de se livrer à un mari le soulevait de colère, brûlait sa chair de jalousie, d'humiliation. Il laissait déjà poindre ce froid orgueil, cette susceptibilité, qui deviendront les marques définitives de son caractère. Puis — car il convient d'esquisser aussi des retouches péjoratives — il venait de Paris ; il avait goûté à des plaisirs peu nobles, mais attirants. Il restait en lui du fils de famille qui, très jeune, ne calculant pas la portée de ses actes, convoite seulement son immédiat plaisir. Une nuit il se leva furtivement, râfla quelques bijoux soigneusement repérés d'avance, et s'enfuit. Nous avons la liste des objets dérobés : une écuelle d'argent, un gobelet d'argent à pied timbré d'un Saint-Just, une timbale à pied et bord doré, marqué du nom de Robinot, curé de Decize, trois tasses très fortes en argent, des paquets de galon d'argent, une paire de pistolets garnis en or, une bague fine faite en rose, objets auxquels il convientd'ajouter, s'il faut en croire le registre de la Préfecture de police, des deniers comptant.

Au matin, ce fut de la stupeur. Les jeunes sœurs, désolées, s'effaraient devant les tiroirs ouverts, les étagères vides. Mme de Saint Just fut particulièrement frappée de cette équipée. Elle aimait beaucoup son fils, et ce larcin, survenant après des frasques amoureuses trop retentissantes, le lui montrait sous l'aspect d'un incorrigible vaurien. L'adultère ? On pouvait en sourire avec quelque muette fierté. Mais le vol ? Elle savait Antoine actif, intelligent, mais d'une activité sans but, d'une intelligence sans aliment. Alors elle se rendit compte qu'une autorité manquait dans la maison pour guider, mener rudement ce jeune homme aux instincts difficiles. Que pouvait-elle avec sa faiblesse, et surtout, au fond, sa secrète admiration maternelle ? Elle avait indulgemment accepté ses premières fredaines, ses premiers vers. Et ses premières fredaines, qui lui avaient donné le goût du plaisir, aboutissaient à ce vol lamentable. Nous savons, nous, où aboutirent les premiers vers : à la priapée d'Organt.

Elle songea aussitôt, pour que fussent prises d'énergiques mesures, au chevalier d'Evry, vieil ami de la famille Saint-Just, qui, officier au régiment des gardes françaises, demeurait à Paris. Son choix était fait : la lettre de cachet. On a ergoté sur le mot : je n'en vois pas d'autre. Et par quelle différente procédure une mère pouvait-elle faire enfermer son fils, sans jugement, sur simple signature royale ? Elle écrivit au chevalier une lettre désolée, lui exposant l'affaire et lui demandant de faire rechercher Saint-Just par la police, puis de le faire enfermer dans une maison de force. En bon officier qui ne badine pas avec la discipline, M. d'Evry, dès la missive lue, s'adressa à M. de Crosne, lieutenant général de police, qui écrivit sur la lettre même du chevalier : « Arrêter et conduire le sieur Saint-Just chez M. le Commissaire général pour être interrogé et conduit dans la maison de Dame Marie — Paris 31 septembre 1786. »

Entre temps Mme de Saint-Just avait reçu, datée te Sceaux, une lettre inénarrable : Saint-Just, effrayé tout de même des conséquences de son acte, repentant surtout à la pensée de la douleur qu'il avait occasionnée à sa mère, l'écrivit-il lui-même ? Emprunta-t-il la plume d'un camarade ? La missive, en tout cas, émanait d'un prétendu docteur Richardot. Cet homme de l'art expliquait longuement les raisons de cette escapade de Saint-Just, raisons tout à l'honneur du susdit et tout à son propre détriment. Au précédent voyage de Saint-Just à Paris, le sieur Richardot l'avait soigné d'un mal à la tempe très dangereux, et lui avait inconsidérément présenté une facture de deux cents francs. Epouvanté, ne possédant pas cette somme et ne voulant à aucun prix contracter de dettes, le jeune malade avait, d'un mouvement inconsidéré, repris le coche pour Blérancourt, dérobé des bijoux, et, revenu en hâte à Paris, vendu le tout à un juif pour la somme précise due au médecin. Lui, Richardot, ayant obtenu l'aveu de son client, s'était précipité chez l'acheteur. Trop tard ! Les bijoux ne formaient plus qu'une pâte d'argent. On n'avait pu sauver qu'un gobelet de 39 livres, les pistolets, une bague, maigre reprise qu'il allait renvoyer à Mme de Saint-Just. Ceci pour le passé.

Restait l'avenir. Qu'allait devenir l'intéressant malade ? N'osant plus reparaître à Blérancourt, il avait d'abord frappé à la porte d'un couvent de l'Oratoire, afin de quitter un monde où les fils de famille se trouvent réduits à d'aussi misérables expédients, mais les religieux, en la circonstance assez fûtés, l'avaient dissuadé de tout noviciat. Se sentant de fortes dispositions pour la physique et la médecine, il comptait se rabattre sur cette carrière, dans laquelle, lui, Richardot s'offrait volontiers à le guider. Mais l'étude avait calciné son sang, et son futur maître avait dû lui imposer un extraordinaire régime : repos absolu, laitage et légumes pendant trois mois, plus de vin. Malgré qu'il ait commencé à suivre ces prescriptions, les sueurs le prennent encore toutes les nuits. Le médecin doit la vérité à sa famille : s'il continue à travailler, il mourra dans l'année. Le remède ? Très simple : chaque matin une poudre antihémorragique qui purifie le sang, et dont il ne coûte que deux louis la livre. En présence de tant de revers, du prix de cette poudre, de la privation de travail, Saint-Just venait de former la résolution de s'embarquer à Calais, non sans avoir expressément défendu qu'on divulguât son adresse. Mais Richardot, âme sensible, ne pouvait se résoudre à obéir, et la livrait à Mme de Saint-Just : Hôtel Saint-Louis, rue Fromenteau. L'étonnant médicastre terminait par une chose incroyable : il faisait remise à Mme de Saint-Just de l'argent qu'il avait dû lui-même débourser au juif pour dégager les pistolets. Nous verrons plus loin que Saint-Just, au cours de ses missions militaires, gardait toujours un Molière dans sa poche : il est à croire qu'il professait, dès cette époque, une particulière admiration pour l'auteur du *Malade Imaginaire*, et qu'il emportait un exemplaire de ses œuvres au cours de ses joyeuses parties champêtres à Sceaux et Robinson.

Il fallait aussi qu'il possédât encore une certaine naïveté pour prêter quelque subtil pouvoir d'apaisement à une telle épître. Quel inexpérimenté s'y serait laissé prendre ? Tout le monde n'est pas Organ. Mme de Saint-Just n'hésita pas une seconde et la lettre de l'éminent et humanitaire docteur Richardot, qui donnait ses consultations au pays des godelureaux en goguette, alla, sans plus tarder, enrichir la collection d'autographes de M. de Crosne auquel M. d'Evry la

communiqua le 29 septembre au soir. Au début
d'octobre, ne recevant aucune réponse, le chevalier
insiste, et demande que le jeune homme soit conduit à
Saint-Lazare, et enfermé, non chez Dame Marie,
dont il a été question, mais à la pension la plus modique.
M. de Crosne se rappelle alors l'affaire et consulte son
mince dossier. Il se rend compte qu'il a, dès le 30 septembre, donné à l'Inspecteur de police Saint-Paul
l'ordre provisoire d'arrêter et, au besoin, de relaxer
le délinquant ; qu'il a également, le même jour, adressé
de semblables précisions à M. Chenu, commissaire au
Châtelet : « Au surplus, écrivait-il à ce magistrat, je
m'en rapporte à votre prudence, sur le parti qu'il sera
convenable de prendre après avoir entendu le sieur
Saint-Just. » Sans doute M. le Lieutenant général de
Police considérait-il cette histoire d'un œil moins
sévère qu'un siècle plus tard ne le fera M. Taine et n'y
voyait-il, à tout prendre, qu'une frasque inélégante
de jeune homme privé d'argent et désireux de plaisir.
Toutefois, il rassure M. d'Evry sur le prix de la pension
chez Dame Marie Sainte-Colombe.

Pendant cet aimable échange de correspondances
et d'instructions, Saint-Just, effectivement descendu
dans un hôtel de la bruyante et salace rue Fromenteau,
toute colorée de courtisanes, avait vendu par l'entremise d'un commissionnaire l'argenterie dérobée, et
vivait noblement chez le traiteur. Un vieux rêve le
reprenait : entrer dans les gardes du Comte d'Artois.
Il songeait à de possibles démarches. Et sans doute
attendait-il sans trop d'inquiétude l'effet de la lettre
du Docteur Richardot, lorsqu'un beau matin, le
6 octobre, le sieur Saint-Paul l'appréhendait, et le
traînait, dès neuf heures, par devant M⁰ Gille-Pierre

Chenu. L'interrogatoire fut bref, l'inculpé reconnaissant des torts auxquels il devait n'attribuer qu'une valeur de gamineries. Il se voyait aussitôt enfermé à Picpus, sans autre forme de procès. Le 15 octobre, M. de Crosne s'occupait avec désinvolture de la régularisation des pièces, et demandait au baron de Breteuil la délivrance de la lettre de cachet nécessaire. Dans six ans, la voix du Conventionnel, logique et dure, semblera répondre à la signature silencieuse que Louis XVI donna sans y prêter d'attention, d'une plume rapide.

L'affaire Saint-Just était réglée. Les portes de la maison de force qui s'élevait, grillagée, belle et morne, à l'angle de la rue de Picpus se fermèrent légalement sur le criminel. Le chevalier d'Évry, mettant le comble à ses bontés, paya le loyer en retard à l'hôtel Saint-Louis, s'offrit comme correspondant. Saint-Just, insensible à de si courtois procédés, se montrait dur, arrogant, blessé d'une mesure inattendue qui mettait à vif son orgueil, brisait net ses velléités d'action. Mme de Saint-Just, navrée d'une telle rudesse de cœur, écrivait au chevalier : « S'il lui reste encore un peu de sentiment, il doit bien se reprocher les chagrins qu'il me fait éprouver et qui pourraient bien me causer la mort dans la situation où je me trouve. C'est bien mal payer de sa part la tendresse et l'affection que j'ai toujours eues pour lui. »

L'enfermé se taisait. Il s'accommodait mal de cette prison, néanmoins confortable, où il grondait, reclus, en compagnie de quelques inintéressants chenapans paresseux et incorrigibles. Au sentiment confus de l'injustice générale qui l'envahissait, enfant, pendant les soirées de Dampcelles. voici que se joint le senti-

ment aigu d'une injustice particulière, qui permet
à l'autorité d'interner un citoyen sans jugement.
Certes il ne s'agit encore que d'une révolte personnelle, assez amère, sans issue raisonnable, et qui ne
préparait qu'un réfractaire. Mais vienne une doctrine
qui l'épure la systématise, l'exalte, et le réfractaire
deviendra le réformateur. Cependant que faire, durant
les heures interminables ? Écrire. Aussitôt, lui qui,
tout jeune écolier, rimait nerveusement, il songe à la
poésie — non pas à l'éloge mélancolique de l'amoureux
ou de l'exilé : sa maîtresse est oubliée, on le saura vite.
Il a dix-huit ans. Cynique, il écrit *Organt*. Il ne peut
plus polissonner, il se dévergondera en esprit. *Organt*,
c'est la revanche du prisonnier.

Les détracteurs de Saint-Just ont longuement
disséqué ce poème, pour tirer de sa lubricité un argument de plus contre son auteur. La tâche était facile.
Mais, en somme, qu'est-ce que ce poème, sinon une
imitation — encore que certains passages offrent de
la grâce — de la Pucelle de Voltaire ? Et frémit-il,
dans ces pages, plus de peintures immorales, plus do
sensualité vile, que dans le poème épique dont nous
ne comprenons plus que certains contemporains se
soient délectés ? Je ne le pense pas. Se demandant
combien durerait sa captivité, s'exaltant contre une
société qui permettait de tels actes d'arbitraire, —
car. enfin, il faut remarquer que notre code actuel ne
punit pas l'acte commis par Saint-Just — le jeune
reclus déversera toutes ses colères dans une œuvre à
clef, où le roi, la reine, les principaux personnages de
la Cour seront vilipendés. Il a mis dans cette satire,
dont la longueur n'a d'excuse que celle de sa claustra-
tion, beaucoup de l'esprit de son temps, et a eu le tort

de ne pas retenir le meilleur. Mais connaissons-nous par ces feuillets le véritable Saint-Just ? Nous connaissons les lectures de Saint-Just. Il les choisissait mal ? Nous sommes d'accord. Mais il est à l'âge où l'on imite souvent le pire. Son vol d'argenterie, son élucubration d'*Organt* ne sont pas un début heureux. Mais il ne faut pas pousser le tableau jusqu'aux teintes opaques. S'il n'avait jamais fait que soustraire à sa mère des couverts et une bague, s'il n'avait jamais écrit que les polissonneries d'*Organt*, quel intérêt présenterait-il ? Et puisqu'il a, tout de même, laissé une œuvre, pourrions-nous le juger sur des fautes de jeunesse qui ne relèvent que de la morale et que la loi ignore ?

Violent, silencieux, les lèvres serrées, il s'était plongé dans les innumérables chants de son poème. Sa mère, se méfiant d'une nouvelle brocante d'effets, écrivait qu'on ne lui fournit qu'un habit à la fois, et qu'on lui confiât seulement les chemises par paire. Cependant une telle situation comportait d'irréparables résultats. Saint-Just ne pouvait jouer Latude ou le Masque de fer : il devra bien, quelque jour, sortir de chez Dame Sainte-Colombe, et son séjour dans ce cachot débonnaire rongeait le temps de ses études. Mme de Saint-Just souffre de fièvre quarte. Le Chevalier déborde de conseils. Les jeunes sœurs s'ingénient à arranger les choses. Toute une correspondance s'établit entre la rue des Chouettes et la rue Picpus, entre les jolies jeunes filles désolées, qui chuchotent dans la vaste maison claire, et le grand frère prisonnier qui barbouille des ignominies derrière son grillage. Le refrain de la mère, des sœurs, du bon chevalier ? Que le révolté choisisse un état ; une immédiate liberté suivra sa

décision. Les lettres se succèdent. Le prisonnier s'en-
nuie, et les froids personnages de son épopée ne le
consolent pas. En février, il tombe malade, puis, rétabli,
écrit avec esprit au Chevalier, rassure ses sœurs,
répond enfin au refrain perpétuel en déclarant qu'il
se sent une irrésistible vocation pour la robe et brûle
d'être avocat. Devant cette nouvelle lubie, ses sœurs
se désespèrent, le supplient de s'arrêter enfin à l'une
des carrières qu'il a successivement envisagées avec le
même rapide enthousiasme et qu'il n'embrasse jamais
que du regard : oratorien, garde du corps, médecin,
physicien, avocat, que veut-il être enfin ? Mais Saint-
Just, cette fois, s'obstine à la basoche. En réalité, cet
orateur a trouvé sa voie : il plaidera — mais quelle
cause plus haute et plus passionnante que les procès
entrevus ! Alors, il écrit à M. Rigaux, l'aîné, pour
entrer dans son étude. Celui-ci n'ayant pas de place
disponible, accepte de le recommander à son beau-
frère, Me Dubois-Descharmes, procureur à Soissons.
L'affaire est examinée dans les détails. Le prix de la
pension sera de cinq cents francs. Le bénéfice sur la
pension de Dame Marie s'affirme de trois cents francs.
L'horizon s'éclaircit au Nord. Les sœurs battent
des mains : le coupable est venu à résipiscence, et
Mme de Saint-Just adresse une requête au lieutenant
général de police, suppliant humblement M. de Crosne
de libérer son fils désormais soumis. L'inlassable
chevalier d'Evry apostille la lettre. Dame Marie de
Sainte-Colombe prépare sa note. Et le 30 mars M. de
Crosne signe les pièces nécessaires, saisit de l'affaire
M. de Breteuil. Tout est prêt. Saint-Just a grand'hâte
de revoir sa mère, dont il craint qu'on ne lui ait caché
le réel état de santé. Il sait trop qu'il n'est pas inno-

cent de la crise qu'elle traverse, et cette fois, le cœur amolli, se repent. « Le seul remède en mon pouvoir est l'avenir. Puisse-t-elle avoir le temps d'en faire l'épreuve. » Providence de toutes les heures, M. d'Evry, qui part précisément pour Nampcelles, paie les pourboires : neuf francs aux deux domestiques, et Saint-Just, allègre, le manuscrit d'*Organt* en bagage, saute dans la voiture. Le hâtif printemps met dans l'air une tendre senteur, une tremblante lumière, le rajeunissement inquiet des êtres et des choses. Crépuscule. Les lanternes s'allument, jaunes. Quelques heures après avoir quitté Paris, il descend sur le pavé de la rue des Chouettes, aperçoit trois ombres chères, deux si vives, une plus lente, la charmille noire. Il tombe dans des bras de femme, sent des parfums familiers. Il entend Mme de Saint-Just qui remercie le chevalier. L'heureuse minute ! Des lumières brillent dans Blérancourt. Toute l'atmosphère fleure le foyer, le pain chaud, le bois vert, l'ensommeillement... Un grillon...

L'escapade est finie. Son emprisonnement n'a fait qu'augmenter le caractère taciturne, inné chez lui, et qui perçait déjà au collège : peut-être pourrait-on même entrevoir. du fait de l'humiliation subie, la formation d'un complexe d'infériorité qui expliquerait certaines attitudes futures. Les amours bruyantes sont terminées. Nous ne trouverons plus, dans sa courte existence, de scandale de ce genre : sans doute dut-il à celui-ci sa conception de l'amour et sa défense du divorce. Jetterons-nous à notre tour l'anathème au jeune homme repenti ? Je n'ai pas l'humeur de M. Taine, impassible doctrinaire à cravate blanche. Ces aventures regrettables, ces vagues désirs. ces enthousiasmes bridés, c'est le bouillonnement du métal en fusion, mélangé d'éléments impurs, c'est le bouillonnement humain avec ses fautes, ses regrets, ses fureurs, ses scories, mais qui tout à l'heure se figera dans la lame d'acier claire, froide, et tragique.

III

Les lourdes heures à odeur d'encre, dans une étude
sombre, avec la hiérarchie des clercs à gravir lentement,
la plume d'oie au poing, ne devaient guère sourire au
jeune Saint-Just. Une telle réclusion, avec des piles
de dossiers pour barreaux, lui eût par trop évoqué
l'affreux Picpus. La basoche, mais la liberté. En fait,
le projet de stage chez un procureur n'eut pas de suite.
Mais, tout de même, le jeune libéré n'en rêva pas
moins d'un avenir de juriste, et s'inscrivit à l'Université de Reims, probablement vers la fin de 1787,
pour y préparer ses examens de Droit.

Dans cette même Université, Danton grondait,
deux ans auparavant, en étudiant éloquent, génial
et débraillé, et, bien plus tôt, Sébastien Mercier, puis
Prieur, y avaient précédé leurs futurs collègues aux
Assemblées révolutionnaires. Saint-Just y arriva avec
un vif désir de travail et le goût de la vie. Dès son
arrivée, il se lia d'amitié avec un de ses collègues,
Nicolas Leclerc, de Fère-en-Tardenois, qui étudiait la
Théologie. N'ayant ni l'un ni l'autre de deniers à
gaspiller, ils louèrent en commun une chambre dans
la maison du boulanger Fouet. Leclerc envisageait
comme prochaine son entrée dans les ordres et ne se
doutait certainement pas de l'orageuse sortie qu'il

s'en préparerait. Saint-Just entrevoyait des possibilités confuses. Peut-être, quand il passait devant la gothique maison de Guillaume de Machaut, devant la façade toute animée de musiciens de pierre, se reprenait-il à des velléités littéraires. Mais tous deux, le futur prêtre et le futur avocat, respiraient avec une ivresse secrète l'air ardent, le souffle d'idées neuves qui se répandaient lentement dans les provinces.

Un esprit public commençait d'apparaître jusque dans les bourgades, jusqu'au fond des campagnes, et de sourds mouvements se produisaient, d'origine économique, mais dont les revendications philosophiques s'emparaient pour les propager, les amplifier, les rattacher à un ensemble encore mystérieux. Les mauvaises récoltes, la survivance d'inadmissibles privilèges animaient les masses incertaines, profondément attachées encore à la monarchie, mais trop avides de direction pour ne pas être entraînées au delà de leurs désirs par des chefs habiles. Les gentilhommières à colombier fendu voilé de lierre, les maigres presbytères des curés à portion congrue furent alors, pour la propagation des principes de l'Encyclopédie, des postes irradiants d'une sourde mais inlassable puissance. Petite noblesse et bas clergé devinrent, en ces moments où les directives d'en haut devaient rejoindre l'anxiété d'en bas, les auxiliaires peut-être les plus puissants des philosophes. Idées claires dans beaucoup de têtes, vagues dans beaucoup d'autres, mais créant la même ambiance. Et puis, en même temps, devant la menace et dans la misère, les malheureux se serrèrent les uns contre les autres, un immense et doux sentiment de fraternité se mit à sourdre des profondeurs populaires : l'amour social naissait du malheur

des foules. Il y eut un enivrement, une sorte d'attendrissement pour la nature et pour l'homme. L'arbre
du premier livre des Confessions de Rousseau secoua
sur la France toutes ses fleurs. Des impulsions réflé-
chies, des réactions inconscientes, de la pauvreté, des
maximes frappantes, une espérance infinie... Un
monde vierge s'ouvre. Il semble que l'on assiste à la
naissance d'une religion.

Ce fut à Reims, dans la ville des sacres, que Saint-
Just sentit passer le grand vent porteur d'images qui
soufflait sur la vieille France. Les contre-coups de la
politique royale s'étaient fait sentir jusqu'en Cham-
pagne, et peu de mois auparavant, le Parlement se
trouvait exilé à Troyes pour avoir refusé d'enregistrer
des édits. Le jeune étudiant fréquentait assidûment
un cercle d'amis imbus des nouveaux principes, parmi
lesquels MM. Paris, Tapin et Nicolas-Noël Caqué, qui
servit comme aide-major en Amérique sous les ordres
de La Fayette. Saint-Just se plaisait dans ce milieu
de Champenois subtils et malicieux. Lorsque l'ancien
chirurgien militaire racontait ses souvenirs d'Outre-
Océan, le siège d'Yorktown, il écoutait avidement.
Il suivait avec fièvre ces évocations de guerres libé-
ratrices, de démocraties lointaines — d'un continent
où la seule noblesse était celle du courage et de l'esprit,
où tous les hommes se considéraient comme des
frères, égaux sous un ciel neuf, où les citoyens vivaient
libres, sans rois, sans princes, dans la sainte République ; d'un continent qui nous avait envoyé Fran-
klin, libérateur des esprits et auquel nous avions
envoyé La Fayette, libérateur des peuples. Passion-
nantes soirées !.. Aux lueurs troubles des chandelles,
le décor se fondait, s'évanouissait. Des voiles cla-

quaient, l'odeur salée du large flottait, des vaisseaux partaient, battant pavillon de France, pour créer une nation avec une foule, et conquérir la liberté ; des horizons étranges, des horizons immenses s'ouvraient où tonnaient les canons d'une jeune République. Alors il entrevoyait sa vocation véritable. Toute cette injustice dont il a entendu parler, enfant, et dont, adolescent, il a lui-même souffert, voici qu'il découvrait la possibilité de la détruire. Le problème de la justice sociale lui apparaissait. Tous les songes vagues de son adolescence se précisaient, sa volonté trouvait une œuvre où s'exercer : il avait l'éblouissement de l'avenir. Comme ses amours de Blérancourt lui apparaissaient petites et vaines ! Se donner à un être ? Allons donc ! Ses vingt ans se dévouaient à un monde.

L'année finie, il regagna Blérancourt, s'installa avec sa mère. Mais ce n'est décidément plus le même Saint-Just, l'amant de Mme Thorin, le scandaleux râfleur de bijoux. C'est un jeune homme grave, passionné d'idées. Quelle est sa doctrine ? Il ne la formule pas encore exactement, ne portant son audace que jusqu'au vœu d'une monarchie constitutionnelle. Que va-t-il faire ? Il l'ignore encore à peu près. Il attend.

Il attend. Il réfléchit, travaille, discute surtout. Une de ses sœurs était mariée à Chaulnes et très souvent il se rendait chez son beau-frère, Adrien Bayard, qui remplissait dans cette petite ville les fonctions de juge de paix élu. Le pays de Chaulnes était charmant, avec ses maisons pressées au milieu de la plaine, sa belle église toute neuve, et le château des ducs. Il offrait la mesure et la vivacité d'une de ces lettres qu'écrivait jadis Mme de Sévigné, et les massifs au long desquels passa la marquise coloriaient pour Saint-Just l'immédiat paysage, sous les fenêtres mêmes du magistrat. Il aimait beaucoup ce pays à la fois si vieillot et si frais.

Là il se lia avec Hamel, jeune homme épris des mêmes idées que lui. L'enthousiasme révolutionnaire brûlait leurs âmes sous les ombrages, dans les sentiers creux où s'infinisaient leurs promenades. Le ciel, en ce printemps de 1788, demeurait d'un bleu cruel. Une chaleur sèche craquelait la terre. Ils erraient par des soirées ardentes, tourmentées de ce vent de Nord-Est qui ne cessait pas, précurseur de médiocres récoltes, et commentaient les nouvelles. Chaque jour en apportait, lourdes d'angoisse. Avec quelle avidité ces deux jeunes gens suivaient la constitution du parti national, de ce parti de l'avenir que dirigeaient des hommes comme Mirabeau, Condorcet, de Luynes, l'abbé Louis, Siéyès, La Fayette ! Ils se passionnaient pour le rappel de Necker, s'emportaient contre de Brienne. Ils discutaient du doublement du Tiers, de la scandaleuse résistance des privilégiés. En même temps, comme parallèlement à cette émeute d'idées, la misère préparait autour d'eux les soulèvements sociaux, la scandaleuse misère sans laquelle les idéalistes n'émouvraient pas le cœur des hommes. Le 5 juillet, un arrêt du Conseil a annoncé la convocation des Etats Généraux. Le 13, un orage furieux éclate, des nuages de grêle courant sur le Laonnois broient les moissons, massacrent le gibier. Un désastre : les paysans ne récoltèrent que la moitié d'une moisson ordinaire. Après les grêlons, les spéculateurs : ils s'abattent, raflent le blé, l'exportent en Belgique ou en Angleterre. Les prix du froment montent avec rapidité. A peine restera-t-il le grain nécessaire aux ensemencements d'automne. Que fait donc M. Necker ? On raconte qu'il se promène dans les faubourgs de Paris, distribuant des secours aux pauvres. Après les spéculations, l'hiver. En novembre le pain cote cinq l. la livre à Château-Thierry, et des misérables meurent de froid. Saint-Just et Hamel s'indignent avec toute la générosité de leurs vingt ans. L'état de choses ne peut plus durer. La monarchie est vermoulue. Une catastrophe est proche. Ils s'exaltent.

Quand Saint-Just se retrouve seul à Blérancourt, il lit ; il lit *les Sentiments d'un républicain*, de son compatriote Condorcet ; il lit *la France libre* de Camille Desmoulins dont il est alors le vigoureux admirateur. Il écrit aussi. Peut-être fut-ce alors qu'il rima un acte : *Arlequin Diogène*, assez froid divertissement de satiriste. A l'Arlequin classique, mais désabusé de sa maîtresse et réfugié dans un tonneau, un ambassadeur offre l'Empire de la Lune, un petit maître propose des estaffiers qui se battront en duel à sa place. L'intérêt de ces quelques scènes réside, pour l'historien, en de rares vers où semble sonner l'écho de préoccupations personnelles :

> Mon cœur est libre. Il a rompu ses chaînes,
> Et, dégagé des sottises humaines,
> Il foule aux pieds les plaisirs, les amours...
> Et le dessein en est pris pour toujours...

> Que cet habit tout doré de forfaits
> Porte en écrits tous les maux que tu fais...

> L'amour n'est rien qu'un frivole besoin
> Et d'un grand cœur il doit être bien loin...

Il y a là, en effet, très probablement des allusions à sa propre existence, et nous voyons passer parmi les acteurs peinturlurés de cette petite comédie la silhouette d'un Maître Pierre André Barbaron, commissaire au Châtelet de Paris, dont nous nous doutons qu'elle évoque, en noir, le personnage, certainement antipathique à l'auteur, de Maître Chenu... « Mon cœur est libre ? » Cet hémistiche paraît bien indiquer qu'il a rompu définitivement avec sa maîtresse qui demeure, elle, farouchement liée au souvenir de son ami. « Et d'un grand cœur il (l'amour) doit être bien loin ?.. » Ce vers n'exprime-t-il son désir de se vouer tout entier à la tâche sociale et de n'embarrasser désormais sa vie d'aucune complication sentimentale ? « Et le dessein en est pris pour toujours ! » Serment singulier du jeune révolutionnaire, qui célèbre, en mauvais vers mais dans un voluptueux ascétisme, ses fiançailles avec la Justice...

En tout cas, si la composition de ce bref et significatif ouvrage devait se reporter à quelques mois plus tard, Saint-Just commençait certainement dès cette époque la rédaction de notes politiques très curieuses, traversées de chauds éclairs, qui paraîtront trois ans plus tard sous le titre l'*Esprit de la Révolution*. Ces réflexions, dont certaines témoignent d'un esprit étonnamment mûri, constituent, en somme, son examen de conscience. Il cherche à clarifier sa pensée, à fixer ses principes, à reconnaître le point d'évolution spirituelle où il s'est arrêté. Méditation sévère, fragmentée au gré des jours, des rêveries, des lectures, au cours de laquelle un jeune homme s'efforce d'arracher son cœur à des affections particulières pour en réserver toute la puissance à des intérêts généraux, s'impose la gravité et se dévoue tout entier à l'idéal... Cependant une année sonnait, lourde à l'horloge du temps : 1789. L'hiver se déroulait, affreusement rigoureux, vraiment glacial dans ces plaines et ces forêts du Laonnois. En janvier le thermomètre descendit à — 21. Sous les fenêtres du juge Bayard, les arbres secs du parc des ducs de Chaulnes profilaient sur des soirs froids et jaunes des silhouettes de potence. Aux jardins les puits miroitaient, durs. La rivière demeurait immobile. En même temps on apprenait que des émeutes violentes avaient eu lieu, vers la fin de 1788, dans les grands ports de Bretagne où les spéculateurs embarquaient les blés. En Laonnois même, on accuse les frères Leleu d'avoir râflé les derniers sacs de froment. Puis le bruit se répand que, le 27 janvier, les jeunes gens des écoles ont attaqué dans les rues de Rennes les gentilshommes bretons qui se rendaient aux Etats. L'émeute semble s'étendre : l'on sait que l'évêché de Toulon a été forcé, que la maison du maire d'Aix vient d'être attaquée. Tout proche, en Bourgogne, la révolte gronde. Mars. Il neige. La foule veut hisser à la lanterne un marchand de grains, parfaitement innocent, qui ne s'évade qu'à grand'peine. Des colporteurs sillonnent la campagne et propagent d'étranges et tendancieux récits, vendent leur pacotille et donnent la haine. Le vent qui soufflait si doucement encore sur Reims, lorsque Saint-Just écoutait les récits du médecin-major, qui soufflait des idées, passe maintenant en rafales dans les plaines de Laon, devient tempête. Cependant les illusions sont grandes encore, la confiance est tenace. Les Etats Généraux se réunissent. Tout est espoir, prière. Le roi est si bon !

Saint-Just n'y tient plus. Ecrire lui semble insuffisant. La pensée de ces hommes qui vont se réunir pour légiférer l'exalte. Il lui faudra l'action. Oui ! Agir sur les êtres, modeler des formes sociales, ne pas prêcher seulement le bonheur humain, mais le créer. Voilà le but de sa vie. Il ne veut pas être seulement le penseur qui réfléchit à sa table de travail. Il veut se mêler aux foules, vivre ses thèses, éveiller des consciences. Il lui faut conquérir Blérancourt, sa province, Paris. Une étape nouvelle est franchie. Ce pays du Laonnois où naguère il étouffait, ce n'est plus un ensemble de faibles collines, de bois profonds, de graves prairies humides où s'immobilisent, derrière les files de peupliers, les bœufs bicolores : c'est une masse d'hommes à persuader d'accepter le bonheur, c'est un champ d'expérience sociale, c'est une petite part, mais une part vivante, active, saignante hélas ! et meurtrie, de la France à sauver. Intelligences à éveiller, cœurs à enflammer ! Que dans toutes les autres provinces des jeunes gens ardents comme lui se lèvent, et il pressent, il croit, il a la certitude que le peuple est vainqueur... Alors il s'inscrit dans tous les clubs, il retrouve ses amis de la veille, écrit à Leclerc, qui vient d'être nommé curé de Barlieux, proche de Fismes, des lettres enthousiastes et lucides. Il voyage dans tout ce pays qu'il connaît bien, à Chauny, où de concert avec Hamel il endoctrine les cultivateurs, à Coucy-le-Château où, derrière les vitres de son étude, un rancuneux notaire regarde passer l'énergumène ; sous des fenêtres, aussi, dont les rideaux cachent une jeune femme triste et troublée. Cependant, à mesure que le temps s'écoule, la situation s'aggrave. Les paysans de Thiérache et du Laonnois sont las de manger de l'herbe bouillie. Ils commencent à couper le blé vert, et les cavaliers envoyés pour rétablir l'ordre sont débordés, se sentent pris de pitié, renâclent à se servir de leur force. Déjà des bandes menaçantes de laboureurs maigres et sombres errent sur les routes, armés de piques. précédés de mégères aux cheveux tordus par le vent, aux bouches tordues par des cris, traînant leurs enfants farouches, à demi-nus, qui montrent leur pauvre chair couleur de la terre. Au fond des crépuscules, on entend des tocsins, on entrevoit des incendies. Le jeune orateur a ce sinistre accompagnement, ce fond de tableau à ses courses de propagande. Depuis qu'il a pris la parole, il se rend compte qu'une force oratoire est en lui. Il s'exerce, dans des harangues déjà nerveuses, à l'art de frapper les imaginations, se souvient de Tacite, s'acharne à de brèves et profondes formules dont le feu sombre sursaute, s'accorde aux flammes qui lèchent l'horizon.

Mais il n'a pas perdu de vue, au milieu de ces débuts de politique locale, ses velléités littéraires. Il a revu, raturé, mis au point son poème d'*Organt*. Maintenant, *Organt* va sortir des presses, sans nom d'auteur, avec pour toute indication d'origine : au Vatican. Facétie d'un esprit douteux. Cependant, comme tout bon débutant de lettres, l'auteur se préoccupait de trouver des appuis, et songeait à son célèbre compatriote, à son frère d'idées, Camille Desmoulins. Il partit vers Paris, vraisemblablement vers le début de Juin.

Camille Desmoulins, alors dans toute l'effervescence de ses campagnes de pamphlets, reçut avec quelque froideur ce jeune provincial venu pour lui soumettre une satire épique. Ces deux esprits, l'un léger, amusant, souple, lançant des flèches dorées, qui se perdra par ses méandres spirituels, l'autre tragique, dense, d'un bloc, frappant d'un glaive bref, qui se perdra par son inflexible marche en avant, ne pouvaient s'entendre. Étrange confrontation devant la table où s'écrira *le Vieux Cordelier*, du pamphlétaire qui vilipendera le poète, et de ce poète qui fera tomber la tête du pamphlétaire ! Saint-Just offrit son livre. Camille Desmoulins accepta nonchalamment d'en annoncer la publication dans le Journal des Révolutions de France et de Brabant, et poussa la condescendance jusqu'à faciliter au jeune homme ses entrées aux séances de l'Assemblée.

Pour la première fois Saint-Just s'énivra de l'atmosphère de passion et de lourdeur qui flotte au-dessus des hémicycles parlementaires. Il vit les premiers rôles, Mirabeau, puissant et grêlé, l'abbé Maury à l'étonnante verve, ces orateurs illustres dont les noms revenaient dans toutes les conversations de Blérancourt. Mais il ne demeura pas longtemps leur auditeur assidu.

Organt vient de paraître, et la police, immédiatement, s'alarme. A travers le poème obscur, elle a tout aussitôt flairé le libelle politique. M. de Crosne, prédestiné à faire rechercher Saint-Just, est une seconde fois alerté à cause de l'insupportable jeune homme. Il s'agit de confisquer le volume, avant d'enfermer l'auteur, et non plus, cette fois, chez la bénévole Dame Marie de Sainte-Colombe, mais dans la bonne et solide Bastille. Le 10 juin, à neuf heures, assisté du sieur Henry, le sieur Chenu, avocat au Parlement, Conseiller du Roi, Commissaire au Châtelet, qui s'occupe décidément toujours de Saint-Just de très bonne heure, commence ses opérations. Il se présente rue Saint-Honoré chez la Veuve Guillaume, saisit des pamphlets comme *Diogène aux Etats Généraux* et *le Secret découvert, ou troisième correctif à l'opinion publique sur M. de Necker*, mais a beau faire déplacer les piles de livres, ne découvre pas un seul Organt. La veuve Guillaume affirme qu'elle n'en possède nul exemplaire, et son commis Despinasse junior corrobore ses dires. Les enquêteurs se rendent ensuite sous les Arcades du Palais-Royal, chez Gallay, Cussac, Petit, Vaufleury, visitent d'autres boutiques encore : tous les libraires s'accordent pour déclarer avec une inconsciente tranquillité qu'à sept livres deux sols le volume leur paraît trop cher. Pas d'Organt et plus d'auteur.

Saint-Just, moins confiant qu'au temps de sa première escapade, s'est en effet terré à Paris même, chez un ami, M. D... et ne charge cette fois nul médecin de comédie de fournir des explications. Il reste, comme *Organt* en personne, introuvable. Mais il observe. Il voit passer les premières émeutes sanglantes, aperçoit, au-dessus de la foule noire et hurlante, les premières têtes aux yeux clos, balancées par les piques. Il enrage. Il en est réduit à se cacher, pour cette histoire imbécile d'un poème transparent, et les heures coulent, et, là-bas, à Blérancourt, dans tout le Laonnois, ses amis travaillent sans lui. Puis, tout à coup, le 14 juillet au soir, il apprend que le peuple révolté vient de le sauver de la Bastille en prenant d'assaut la vieille prison, à l'appel véhément de son protecteur Camille Desmoulins. Il est libre. Il se précipite vers Blérancourt, vers l'action, vers la lutte...

Le Laonnois se trouvait en effervescence, traversé de fuites et de chimères. Déjà, sur les routes de l'Est ou des Ardennes belges, les premiers émigrés passaient. D'énormes calèches roulaient, lourdes de coffres et de passé, coffres de bijoux, passé de magnificence. Et pendant que ces véritables riches s'enfuyaient, arrivaient d'imaginaires gueux. En ce même mois de juillet, éclatait la panique des Carabots. Ces brigands fantômes sont en marche : des paysans ont parlé à des fuyards qui les ont vus dans la vallée de l'Oise, qui les ont vus à Guise. Ils avancent, brandissant des faux et des bâtons, les yeux en sang, farouches. Les habitants des hameaux se barricadent, les villages sonnent le tocsin : tout le monde attend le débordement de la horde... Ces spectres n'existaient pas. Ils étaient les doutes insaisissables de l'âme, les craintes sans réalité qui assiègent le cerveau, les ailes de la peur qui éventent l'homme dans la nuit. Toutes les révolutions sociales, tous les drames humains les ont vu passer sur leur route. Pendant des semaines ils se répandirent sur les campagnes comme une nappe de vapeur sombre à laquelle chacun donnait la forme de sa propre épouvante.

Saint-Just, au milieu de ces émois, s'amuse d'abord à rédiger un petit dialogue ironique entre M. D. et l'auteur du poème d'*Organt*. Mais presqu'aussitôt, sa fièvre de rancune tombée, il reprend son ouvrage sur l'*Esprit de la Révolution* et sa propagande révolutionnaire. Il se multiplie, ne manque plus une occasion de proclamer ses principes et de se placer au premier rang des défenseurs de la Révolution commençante. Le but de tous ces efforts est le même : devenir un représentant du peuple. Sa vie n'est plus qu'une exaltante et perpétuelle campagne électorale. Une scène, entre autres, tout à fait théâtrale et qui a d'ailleurs laissé ses traces dans les archives de Blérancourt, frappa vivement les imaginations. En avril

1790, l'Assemblée Nationale décréta la liberté de conscience. Aussitôt un certain nombre de membres du clergé et de la noblesse rédigèrent et envoyèrent dans toute la France une sorte de tract protestataire : *Déclaration d'une partie de l'Assemblée Nationale sur un décret rendu le 13 avril 1790 concernant la religion.* La municipalité de Blérancourt, au cours d'une de ses délibérations de mai, apprit que Saint-Just avait, en sa qualité d'électeur, reçu une trentaine de ces feuilles. Elle réclama sa présence. Saint-Just arriva, porteur des paquets, stigmatisa les auteurs du libelle, et réclama pour ces papiers un bûcher public. Tout Blérancourt se pressa sur la place où d'actifs citoyens traînèrent quelques fagots. Alors Saint-Just, la tête pleine de souvenirs romains, n'hésita pas à rééditer un geste fameux : tandis que brûlait l'élucubration des réactionnaires, il étendit les mains au-dessus de la flamme, et, pâle, cravaté de haut, il prêta serment à la Révolution. Les bonnes gens de Blérancourt restaient éberlués devant ce jeune homme grave, dont le reflet dansant du bûcher minuscule illuminait le froid visage et les belles boucles poudrées. Quoi ? L'ancien amant de Mlle Gellé ? L'ancien pensionnaire de Picpus ? Mais le maire, le vieil Honoré s'enthousiasma : « Jeune homme, j'ai connu votre père, votre grand-père et votre tayon. Vous êtes digne d'eux. Poursuivez de la sorte, et nous vous enverrons à l'Assemblée Nationale. » Le grand mot est prononcé. Le cœur de Saint-Just dut battre violemment. Sa candidature était posée, et par le peuple... Les conseillers municipaux, tout vibrants de cette scène, voulurent en perpétuer le souvenir, se rendirent à nouveau dans leur salle et signèrent le procès-verbal de l'émouvante cérémonie.

Ils étaient tous là autour de la table usée par les coudes de plusieurs générations, Thuillier l'aîné et Thuillier le jeune, Dutailly, Carbonnet, Quentelet, J.-B. Cappeton, une animation inaccoutumée sur leurs brusques et durs visages de paysans du Nord. Et tous écrasèrent leurs signatures au bas des phrases grandiloquentes : « Heureux le peuple que la liberté rend vertueux et qui n'est fanatique que de la vérité et de la vertu. » C'est l'idylle révolutionnaire, toute la logomachie déjà chère à Saint-Just.

Les uns blâment, quelques-uns ricanent, mais tous parlent de lui. Saint-Just est désormais au premier plan. Les courtes flammes de Mai l'illuminent au regard des plus indifférents. Malgré la mauvaise humeur du comte de Lauraguais, colonel de la Garde Nationale, il a été élu adjudant général de la deuxième légion du district de Chauny. Et lorsque, à la suite du décret qui découpa la France en départements, donna un cadre neuf à l'activité nationale et son visage moderne au pays, les électeurs furent convoqués à Chauny pour décider si le chef-lieu serait établi à Laon ou à Soissons, Saint-Just représenta ses concitoyens. Il prononça éloquemment le panégyrique de cette dernière cité. Il parlait après ses futurs collègues à la Convention, Quinette, Dabry, Lecarrier. Il ne manqua pas de rappeler sa jeunesse et de l'allier à la Liberté naissante : « C'est sous vos yeux que j'ai fait mes premières armes, c'est ici que mon âme s'est trempée à la Liberté, et cette Liberté dont vous jouissez est encore plus jeune que moi. » Le discours est habile, très étudié, devait produire un effet puissant. L'orateur montra que les épreuves de Soissons avaient dû mûrir les habitants de cette ville et les rendre propres à la conduite des affaires publiques. Et puis il fila superbement le couplet qui évoquait, au-dessus de ces querelles de clocher, la grande question sociale : « Laon a ses avantages, Soissons paraît avoir les siens. La conscience doit prononcer. N'oubliez pas surtout, que les moments sont précieux pour le pauvre, que chacun de vous doit avoir apporté ici son opinion déterminée, et que, tandis que nous délibérons, les enfants de plusieurs de nos frères ici présents n'ont peut-être pas de pain et en demandent à leurs mères qui pleurent. Je vote au nom des miens, pour Soissons. » La sensation fut énorme, mais ne pouvait changer des opinions en effet arrêtées à l'avance. La majorité des électeurs désigna donc Laon, mais tout le succès fut pour Saint-Just. Comme, sur la route de retour, il arrivait à Manicamp, il trouva ses concitoyens venus en masse au-devant de lui, enthousiastes et décidés. Blérancourt s'enorgueillissait de son orateur. Saint-Just eut alors une pensée d'orgueil cruel et gamin, et voulut réaliser une vengeance narquoise. Son chef hiérarchique dans la Garde Nationale, le Comte de Lauraguais, demeurait précisément à Manicamp, et Saint-Just n'avait pas oublié son attitude lors de sa propre élection. Une mince badine à la main, il résolut de présenter ses électeurs à son colonel, et toute la troupe, exaltée, pénétra dans le parc, s'avança vers le château. Mais le comte vaguait dans les bois. Saint-Just, désinvolte, avisa une fougère, et se remémorant Tarquin, fit siffler sa badine et décapita l'arbuste. Symbole de haine meurtrière, écrivirent plus tard quelques biographes évoquant le jeune homme faisant ce geste violent devant le demi-cercle des paysans de Blérancourt stupéfaits et ricanants. Allons donc !

Réminiscence littéraire ; il n'avait pas plus envie de couper la tête du comte de Lauraguais que de brûler sa propre main sur le bûcher du libelle. Mais il juge que cette impertinence le libère, et se réjouit de lui donner un tour classique. C'est un coup de cravache qui n'est donné que pour le sifflement.

Blérancourt était conquis.

IV

L'ordre monarchique disparaissait, en fait, par l'écroulement de ses vieilles institutions avant d'être remplacé, en droit, par la mise en œuvre d'une constitution nouvelle. Dans tout le Laonnois, les troubles provoqués par la crise économique redoublaient de violence et prenaient cette fois une allure nettement révolutionnaire. Les paysans ne pillaient plus seulement les boulangeries, mais saccageaient les privilèges. Certes, il devenait de plus en plus dangereux pour les blattiers de traverser les campagnes ou de voyager de nuit. Mais en Juin, peu de semaines après l'assemblée de Chauny, des énergumènes envahirent le manoir du vieux marquis César d'Hervilly, incendièrent ses forêts, massacrèrent ses gardes, et traînèrent le vieillard de soixante-dix-huit ans jusqu'à un arbre : le marquis ne dut qu'à l'indignation du maire accouru de n'être pas branché haut et court. En même temps un souffle de colère passa sur tous les villages des alentours de Guise : par milliers, les émeutiers qui marchaient dans un grouillement de piques et de bâtons, entraînant dans leur troupe un notaire royal réquisitionné, prenaient d'assaut les châteaux, y prélevaient du blé et du vin, puis obligeaient le maître du lieu à reconnaître par acte notarié sa déchéance de tous droits féodaux. Des rondes sinistres tournaient le soir autour des chartriers en feu. A leur tour, les nobles de ces régions, serrant écus et pierreries, montèrent en calèche.

Cet écroulement violent de l'ancien régime dans sa province fournissait à Saint-Just le signe de sa prochaine et personnelle victoire. En juillet, il fut invité, au titre de Lieutenant-Colonel de la Garde Nationale du district, à se rendre à Paris pour l'anniversaire de la prise de la Bastille. Il partit le 10 juillet, dans son uniforme neuf, habit bleu de roi aux épaulettes d'or, veste et culottes blanches, coiffé du chapeau à plumet blanc et à cocarde tricolore, songeant peut-être que sans le tourbillon humain qui emportait, un an plus tôt, la fameuse prison. il s'y morfondrait, reclus sous bonne lettre de cachet.

Il trouva la capitale en pleine crise de sensibilité. L'atmosphère chaude et pluvieuse amollissait les cœurs. Depuis le 4 juillet, suppléant au chant du *Ça ira* et sous les averses les ouvriers tardifs, des moines, des forts de la Halle, des femmes, des enfants, des bourgeois, fleuris au chapeau par de grosses cocardes, bouleversaient le Champ-de-Mars, comblaient les ornières, édifiaient des tribunes, élevaient, magistral sous ses tentures, l'autel de la Patrie. Il profita de son bref séjour pour voir quelques-uns de ses amis révolutionnaires, et rendre visite à Camille Desmoulins. Il croisa, sous la pluie, les cortèges de travailleurs rentrant au bruit des tambours ; il vit les estampes représentant le Roi brouettant, comme le plus humble de ses sujets, la vieille terre de Paris — la vieille et lourde terre où germent si bien les révolutions.

Le matin du 14 juillet, il prit place au milieu de

l'immense cortège que précédaient, avec la municipalité, des groupes de vieillards et d'enfants balançant
des palmes et des feuillages. La masse compacte de
l'Assemblée Nationale marchait ensuite, puis, vif
contraste, flottait une houle bariolée de drapeaux
et de bannières. Enfin serpentaient les délégations,
les représentants des Clubs, les députations de la
Garde Nationale, une foule innombrable et grave.
Le temps demeurait lourd, des nuages assombris-
saient le ciel, limitaient l'étendue, enveloppaient
cette fête d'une sphère d'intimité grise. La procession
traversa la Seine sur un pont de bateaux, et déboucha
dans l'après-midi devant le Champ-de-Mars. Le
spectacle était inouï et Saint-Just dut pâlir en présence de cette réalisation saisissante, toute palpitante
de peuple, d'étendards et de branches, de ses grands
rêves humanitaires. Pour une heure encore, la concorde
unissait la nation et le roi. Une mer humaine, un mou-
tonnement indéfini de têtes déferlait jusqu'au fond de
l'énorme place, où, dans une tribune drapée d'or et
de bleu, le Roi, la Reine, le Dauphin, les Seigneurs
de la Cour, venaient d'apparaître, groupe chamarré de
lointains et minuscules personnages. Des musiques
jouaient, les cœurs se fondaient d'angoisse et d'amour.
Minute d'intense émotion, dont nul ne revivra plus
la semblable ! Aux marches de l'autel, quatre cents
enfants de chœur mettent des frissons de dentelles ;
l'encens fume en longues spirales, et là-haut, à mi-
hauteur de ce tableau d'histoire, les petites flammes
des cierges sont d'immobiles et frêles lumières. Le ciel
s'abaisse encore, mais sombre. Mitre au front, hésitant
dans ses ornements épiscopaux, Talleyrand monte les
six mètres d'escalier qui mènent à l'autel, et l'office

se déroule au chant des hymnes. Un prêtre sceptique célèbre la messe de la fraternité.

De sa place, Saint-Just embrassait la pompe grandiose de cette fête unique. Il vit, *l'Ite Missa est* chanté, La Fayette, le Roi, la main sur un livre, prononcer les formules sacramentelles du serment civique. Le délire est à son comble, la foule prend part à l'action. La Fayette est à demi étouffé, la Reine, d'un joli geste de femme et de mère, élève le Dauphin au-dessus de cette multitude qui hurle sa joie, acclame d'une voix formidable la famille royale, l'avenir de la monarchie. Plus encore que tout à l'heure, les cœurs se pâment d'attendrissement social. Des spectateurs pleuraient, des inconnus s'étreignaient. Un souffle passait sur ce peuple malheureux qui voyait s'ouvrir une ère nouvelle.

Rentré à Blérancourt, après cette vision brûlante et coloriée, Saint-Just devint plus que jamais le représentant officieux de ses concitoyens. Dès qu'une affaire intéressant la commune se heurtait à quelque difficulté, la municipalité s'adressait à lui. Le mot du vieil Honoré hantait sa mémoire : « Nous vous enverrons à l'Assemblée Nationale. » Saint-Just s'employait vigoureusement à faire aboutir les projets. Il trouvait d'ailleurs l'occasion, par ces démarches mêmes, d'étendre ses relations politiques, et ce fut un de ces petits événements locaux qui le mit en relations avec Robespierre. En effet, le bruit s'étant répandu, en août, que les marchés francs de Blérancourt allaient être transférés à Coucy, il intervint auprès du député d'Arras. En quels termes de dithyrambe ! Il faut vraiment recopier et lire cette lettre tout entière :

Blérancourt, près Noyon, 19 août 1790.

« Vous qui soutenez la patrie chancelante contre le
« torrent du despotisme et de l'intrigue, vous que je ne
« connais comme Dieu que par des merveilles, je m'adresse
« à vous, Monsieur, pour vous prier de vous réunir à
« moi pour sauver mon triste pays. La ville de Coucy
« s'est fait transférer (ce bruit court ici), les marchés
« francs du bourg de Blérancourt. Pourquoi les villes
« engloutissent-elles les privilèges des campagnes : il ne
« restera donc plus à ces dernières que la taille et les
« impôts ! Appuyez, s'il vous plaît, de tout votre talent,
« une adresse que je fais par ce même courrier, dans
« laquelle je demande la réunion de mon héritage aux
« domaines nationaux du canton, pour que l'on conserve
« à mon pays un privilège sans lequel il faut qu'il meure
« de faim. »

« Je ne vous connais pas, mais vous êtes un grand
« homme. Vous n'êtes pas seulement le député d'une
« province, vous êtes celui de l'humanité et de la Répu-
« blique. Faites, je vous prie, que ma demande ne soit pas
« méprisée. »

SAINT-JUST.
Electeur du Département de l'Aisne.

Par cette lettre adulatrice débuta une amitié historique, amitié de pure intelligence à laquelle le cœur
n'eut point de part, et qui, si elle servit Saint-Just au
cours de sa campagne électorale, fut surtout profitable,
plus tard, à Robespierre. Ses électeurs, en tout cas, lui
furent reconnaissants d'intriguer en leur faveur auprès
des puissants du jour, et le 24 octobre, il présidait
l'Assemblée électorale.

Cependant il veut un plus large public, désire étendre son activité au-delà de ses concitoyens. Il a réuni
les notes prises au jour le jour sur les nouvelles doc-

trines, et le volume paraît en juin 1791, sous le titre : *Esprit de la Révolution et de la Constitution française*, par Louis-Léon de Saint-Just, électeur du département de l'Aisne pour le canton de Blérancourt pour le district de Chauny.

Ce petit volume ajouta visiblement à sa réputation. On y trouve déjà la vigueur de pensée et la force de style qui surprendront les Conventionnels lors de l'apparition à la tribune du jeune débutant. On y rencontre des portraits enlevés en quelques mots frappants, et qui font prévoir les caricatures stylisées d'adversaires qu'il tracera d'une âcre plume dans ses rapports du Comité de Salut public. On y découvre, avec le goût des études sociales, un don réel, un peu amer, d'observation humaine. Lui sent le succès proche. Déjà, au lendemain de son discours en faveur de Soissons, il écrivait à Camille Desmoulins qu'il emportait de ce premier contact avec les électeurs la confiance de devenir son collègue dans la prochaine législature.

Certes, il se hisse au premier rang des violents, et les électeurs avertis doivent penser qu'il a partie liée avec Robespierre. Mais ses amis l'encouragent : le curé constitutionnel Leclerc, son camarade de l'Université de Reims, lui écrit des lettres toutes vibrantes d'un zèle démocratique, et Saint-Just lui répond de la même encre. Et puis les événements ne donnent-ils pas raison à ses outrances ? Depuis quelques mois les habitants de Chauny, de Guise, ne voient-ils point passer, chaque jour plus nombreuses, les pesantes voitures des émigrés ? N'entrevoient-ils pas, aux frontières, toutes proches, les préparatifs de l'étranger, encouragés par la Cour ? Et, tout à coup, c'est le

Roi lui-même qui s'enfuit. Un roi de France court
la poste, déguisé en valet de pied... Il semble que le
pacte séculaire entre le peuple et la monarchie vient
d'être rompu par le prince, et que la France n'a plus
à compter que sur elle-même.

Justement, les fédérés de l'Aisne prirent part à
l'une des péripéties du drame. Le Roi avait choisi —
fort mal d'ailleurs, et malgré des avis sérieux — la
route de Verdun. Mais le Comte de Provence, dont la
voiture quittait Paris peu d'instants après l'énorme
berline de la pseudo Madame de Korf, préférait gagner
les Ardennes belges. A Soissons, il eut une vive alerte :
une des jantes s'étant détériorée, la réparation s'im-
posa d'urgence. Malgré le va-et-vient des ouvriers, des
postillons, la curiosité des passants, le prince ne fut
pas reconnu et put repartir, tous fouets claquants et
au galop, sans incident. Mais peu après, vers cinq
heures, tourbillon de poussière dans lequel passent des
officiers aux couleurs nationales : les aides de camp
de La Fayette filent à toute bride dans Chauny, galo-
pant vers Fisme. Les habitants sortent sur les seuils,
des groupes se forment. Le bruit sinistre se répand,
lancé d'un mot à la volée par les coureurs forcenés :
Le Roi et Monsieur sont en fuite ! Le club de Laon
se réunit en pleine nuit, manda M. de Caulaincourt,
Lieutenant général et commandant les troupes dans
le département de l'Aisne, pour avoir des explications.
M. de Caulaincourt donna volontiers tout apaisement
et, le lendemain, suivi de son aide de camp, passa la
frontière. L'émotion fut immense. Quelques jours plus
tard, les fédérés de Coucy-l'Abbaye figuraient dans
l'escorte qui ramenait Louis XVI à Paris, et, parmi
ces rudes paysans, caracolait une amazone.

Plus que tout autre, Saint-Just vibrait aux nouvelles. Ces fortes commotions politiques et sociales durent agir sur sa pensée, et ce fut sans doute en ces heures d'anxiété, de panique, pendant cette carence de la royauté, que ses opinions prirent leur forme définitive et qu'il devint véritablement républicain. Tout ce qui pouvait s'imposer encore à sa raison dans le système monarchique s'évanouit au moment même où il constate que vient de disparaître l'identité du Roi et de la France.

Il se donnait alors tout entier aux derniers préparatifs de sa candidature. Les élections eurent lieu du 26 août au 5 septembre. Le 23 août, il se rendit à la réunion des citoyens qui devaient discuter les titres des candidats. Il se souvenait de la promesse du maire de Blérancourt, gardait la certitude du succès. Mais, à l'appel de son nom, une voix rappela brutalement que le candidat ne pouvait justifier de l'âge requis. Saint-Just, surpris et cabré, se tourna vers l'interrupteur, reconnut le notaire Gellé. Le père de Thérèse se vengeait — vengeance froide et bonne. Saint-Just protesta avec âpreté. Les électeurs prirent son parti, se dressèrent en tumulte, jetèrent à la porte le notaire récalcitrant et décidèrent d'inscrire Saint-Just sur les listes. Mais le tabellion, tenace, appuyé par les sieurs Labbé et Massy, s'acharna, déféra au district de Chauny la décision de l'Assemblée de Blérancourt. Il l'emporta : Saint-Just fut écarté. Inéligible, il n'en eut pas moins quelques voix au scrutin.

Alors, il désespéra. Il passa une année terrible. Des historiens l'ont accusé d'avoir poursuivi d'une haine meurtrière ceux de ses adversaires qui l'avaient contrecarré dans ses débuts politiques, mais le fait que le notaire Gellé ne monta pas à l'échafaud deux ans plus tard prouve que les détracteurs de Saint-Just ont menti. Quelles heures de fureur le jeune homme lui dût ! Il sentait à la fois sa force et son impuissance. Les événements — et quels événements ! — se déroulent sans lui. Sans lui, qui élabore tout un système économique, la réforme financière se précipite ; sans lui, qui mûrit des idées d'organisateur religieux, la sécularisation du pays s'achève. Il vit là inutile, dans ce village inconnu de Blérancourt, lui qui pourrait... Il écrit à des amis, exhale sa colère en termes d'orgueil furieux et blessé : « Pour moi, depuis que je suis ici, je suis tourmenté d'une fièvre républicaine qui me dévore et me consume. » « Arrachez-moi le cœur et mangez-le, vous deviendrez ce que vous n'êtes point : grands... O Dieu ! Faut-il que Brutus languisse oublié, loin de Rome ! »

Loin de Rome ? — Pas tout à fait. Il allait de temps en temps à Paris où il s'était, à la suite de sa fameuse lettre, lié avec Robespierre. Il l'avait vu d'abord dans le petit appartement de la rue de Saintonge, où le député logeait chez Humbert avec son ami et secrétaire Pierre Villiers, puis, maintenant, lui rendait visite chez Duplay, dans la maison de la rue Saint-Honoré dont la grande porte cochère se flanquait d'une boutique de restaurateur et d'un magasin de bijoutier. Robespierre le fit affilier aux Jacobins, et s'occupa, par l'entremise de séides provinciaux et grâce à l'activité de la Société des *Frères Lais*, de fortifier sa situation électorale. Quant à Saint-Just, il admirait sincèrement et profondément Robespierre, sa haute intégrité morale, sa froideur vertueuse, et jusqu'à ce dur entêtement qui le perdra. Il se plaisait, d'ailleurs dans cette maison honnête et cordiale du menuisier, dont il ne faisait encore qu'entrevoir les familiers, mais dont il goûtait l'atmosphère paisible et républicaine. Et les heures lui étaient chères, qu'il passait dans le petit salon de l'ex-député d'Arras, dont les fenêtres s'ouvraient sur les grands feuillages odorants d'un couvent de religieuses.

Fort de ces appuis parisiens, il multiplie ses courses dans le Laonnois. Et pendant ses tournées politiques comme pendant ses claustrations à Blérancourt, il vit avec la nature, et toute la sensibilité secrète, difficile, du paysage pénètre, envahit ses méditations. Il est bien, lui, le fils de ces régions du Nord, un peu froides, mais d'expression profonde. Par ce séjour prolongé dans ce coin de province, il acquit, conserva jusque dans le tumulte des luttes sociales, un sens très vif de la campagne, et son rêve de République idéale en sera tout imprégné. On y sentira passer, non pas le frémissement d'images littéraires, mais véritablement des frissons de feuillage et des murmures d'églogue et dans sa curieuse protestation d'enchaîné en faveur de Saint-Just, Gateau pourra très sincèrement écrire : « Il soupirait après le terme de la Révolution pour « se livrer à ses méditations ordinaires, contem- « pler la Nature, et jouir du repos de la vie privée dans « un asile champêtre, avec une jeune personne que le « ciel semblait lui avoir destinée pour compagne, et « dont il s'était plu lui-même à former l'esprit et le « cœur, loin des regards empoisonnés des habitants « des villes. » Certes nous savons ce qu'il faut penser de cette phraséologie, et que Saint-Just, la Révolution terminée, n'eût pas quitté la vie politique à laquelle il était voué de tout son être. Mais il fallait noter que le songe du bonheur lui apparaîtra toujours dans une mystérieuse retraite d'arbres, d'herbages et d'eaux vives, au milieu de l'étroit et vert silence des prairies dans la vallée. La femme elle-même arrive vers lui parmi des verdures sombres, sous un ciel nuancé. Gravité hautaine, retenue sévère, bonheur caché, ses qualités sont celles du Nord. Jamais il ne descendra vers le midi ensoleillé, n'éprouvera le délicieux apaisement, le sens des diplomaties faciles que donnent le ciel doré, la mer violette au pied de caps odorants, l'épanouissement de la vie : il vivra dans l'Aisne ou à Paris, et ses missions ne l'amèneront qu'à Strasbourg ou à Lille. Il y aura toujours en lui des cimes glacées, des lointains brumeux.

Au fond, ce retard lui fut sans doute utile, mûrissant son esprit, lui permettant de suivre de loin l'élargissement de certains problèmes, d'achever avant d'agir une évolution que ses adversaires eussent, déroulée en pleine lutte, traitée de palinodie, et d'entrer dans la vie publique muni d'un système net, complet et définitif. Maintenant il est prêt. Sa sensibilité est fixée, son caractère est formé, durci, bronzé par les contrariétés. Sa qualité maîtresse d'homme politique, la volonté, a jailli de son humiliation de prisonnier, de son échec provoqué par M. Gellé : il brisera désormais tout obstacle pour montrer sa force. Au surplus *les Frères Lais* obéissent aux instructions minutieuses de Robespierre. Que pourraient, demain, les rancunes d'un notaire contre les forces secrètes de la Révolution ?

Enfin la Législative acheva sa tâche, et les élections furent fixées au début de septembre. Elles se déroulèrent dans la fièvre des événements du 10 août, au milieu des rumeurs sinistres venues de Paris où les égorgeurs ensanglantaient les prisons et des frontières où se massaient les émigrés en armes. Menace de guerre civile, menace de guerre étrangère. Il fallait en terminer, sauver la Révolution à l'intérieur, la Patrie à l'extérieur. Moment solennel et terrible comme le sang qui coule — le sang de tant d'innocents ! Se rendant au chef-lieu dans leurs voitures, par les chemins touchés de la précoce automne, les électeurs de l'Aisne pouvaient ressentir l'impression d'une grande chose qui finissait. Ils se réunirent à Soissons, le 2 septembre, dans la vieille église Saint-Gervais, pour procéder à la désignation de onze députés. La grand'messe fut célébrée pontificalement, puis l'Assemblée électorale commença ses travaux. Saint-Just fit partie du bureau en qualité de secrétaire. Il n'avait rien laissé au hasard. Les opérations, vérification des pouvoirs, règlementation du vote, demandèrent deux jours. Le 4, les bureaux constitués, Saint-Just fut appelé à présider le premier. Le même jour, il était élu par trois cent quarante-neuf suffrages, aux acclamations enthousiastes des votants. Le président du corps électoral crut devoir souligner que les vertus du nouveau député avaient devancé son âge. Saint-Just répondit « en marquant à l'Assemblée toute sa sensibilité et la plus grande modestie ». Puis il prêta serment. Les cloches sonnaient à toutes volées sur Soissons, la salle debout l'ovationnait. L'Aisne était conquise. Un immense orgueil soulevait son âme.

Le soir, il regagna Blérancourt. Il y arriva tard : la nuit tombée, les torches éclairaient sa marche. La foule emplissait la rue des Chouettes, entourait sa maison. Debout sur le seuil, il parla : premières paroles

dans le succès !... Aux lueurs mouvantes des flambeaux, il reconnaissait des visages. Ils étaient là tous,
le vieil Honoré qui lui avait prédit cette heure, les
Thuillier, Dutailly, Carbonnet, Quentelet, J.-B. Cappeton, tous ceux qui l'encouragèrent, le soutinrent
et derrière lui, dans l'ombre, il devinait sa mère.
Premières paroles dans le succès, joie charmante
qu'il ne retrouvera plus, chaud élan d'idéal !

Quelques jours plus tard il se préoccupait de son
installation à Paris, écrivait à son beau-frère :

« Frère, je vous annonce que j'ai été nommé lundi
« dernier député à la Convention par l'Assemblée élec-
« torale du département de l'Aisne. Faites-moi le plaisir
« de me mander dans le courant de la semaine si je puis
« disposer pour une quinzaine de votre logement, en
« attendant que j'en ai trouvé un. Dans le cas où cela
« se pourrait, donnez-moi une lettre pour le concierge. »
« Je vous embrasse tous les deux de tout mon cœur.

« Votre frère et ami,
Saint-Just.

Soissons, ce 9 novembre 1792.

« *P. S.* — Je pars lundi soir. »

Et tout de suite il voulut user de ses prérogatives,
faire miroiter au regard de ses concitoyens son autorité
toute neuve. Solennellement, il présida au recrute-
ment des volontaires du Soissonnais. La cérémonie
fut très émouvante. Sous les voûtes ogivales de la
Cathédrale baignée du jour multicolore des vitraux,
il est debout, devant l'autel de la Patrie, tout embrasé
du feu des cierges, et de sa forte éloquence, rude

encore de verdeur, il harangue ces gars qui vont courir au canon. Regardons-le à cette minute. Il a les mains nettes de sang. Il offre la pureté de l'absolu, la rigueur de la foi. Beau, jeune, dans tout le rayonnement de sa victoire, appelant la Nation aux armes, personnifiant la volonté de la patrie et la mystique républicaine, le conventionnel de vingt-cinq ans a l'avenir devant lui.

L'avenir... La messe est célébrée par Monseigneur de Marolles, ancien curé de Saint-Jean de Saint-Quentin, évêque constitutionnel, sacré par Talleyrand, déclaré sacrilège par le pape. Messe étrange, toute bariolée d'appel aux armes ! Les ailes de la Mort battent sur la tête des deux premiers rôles. L'orateur, si avide et si triomphant, montera dans quelques mois l'escalier de la guillotine. Et l'évêque, ayant déposé ses lettres de prêtrise, mourra peu de temps après le conventionnel, dénué de tout, abandonné de tous, mais repentant, dans l'ancien séminaire de Soissons transformé en hôpital, et sera conduit au cimetière, sans croix et sans psaumes, en qualité d'ancien capitaine de la milice nationale. Les pierreries du ciboire étincellent entre les doigts du prélat. « ... *Et expecto resurrectionem mortuorum et vitam venturi sœculi...* » chantent les chœurs, râlent les orgues...

V

Réduite à un pur schéma de tactique parlementaire, dépouillée des tractations, des sinuosités, des coups de théâtre, l'histoire politique de la Convention jusqu'au 9 Thermidor offre une tragique simplicité. Le problème qui se posait à la nouvelle Assemblée n'était autre que le problème de l'unité de la Nation dans un cadre républicain. La solution en fut poursuivie par deux opérations distinctes menées avec d'inégales habiletés, parmi de plus ou moins vives hésitations : tout d'abord la Montagne renversa les Girondins, et par là même, anéantissant la menace fédéraliste, créa l'unité, puis, sous la pression du Comité de Salut public, sacrifia les extrémistes et les modérés, et sembla, sur les suggestions de Robespierre, s'orienter vers un système de Démocratie mystique. Thermidor arrêta net l'expérience. Mais dès ce moment l'essentiel du problème se trouvait résolu, et malgré leur chute et leur supplice, les abattus de Thermidor nous apparaissent finalement vainqueurs. L'unité de la nation est indestructible. Et la domination militaire peut bien venir : elle ne reposera que sur la victoire, qui n'a pas de fidélité ; le vieux principe monarchique pourra bien recevoir une application nouvelle : il demeurera mitigé de démocratie, et, par capitulations successives, épuisera sa vertu. L'échafaud fit périr les Girondins et leur œuvre. L'échafaud fit tomber les Robespierristes, mais n'abattit pas leurs principes. C'est qu'il y avait du dispersé, de l'incohérence, un certain flottement dans la doctrine des premiers et l'éparpillement de leurs idées correspondait symboliquement au fragmentaire de leur géographie politique. Pour bâtir un nouveau monde. il faut de l'absolu. Ceux qui ne craignaient pas de le personnifier, cet absolu, y risquèrent, y perdirent leur vie. Mais ils vainquirent. N'admettant pas de compromis, n'acceptant pas d'expédient, préparant à l'avenir des bases neuves, ils créèrent la République.

Saint-Just était des leurs. D'autres partis essayèrent, au début, de l'embrigader. Vainement. Il resta, jusqu'à la mort, de leur petit groupe implacable, de ce groupe dont il allait être le philosophe, le doctrinaire, le fournisseur d'idées. Sa froideur venait de sa lucidité. Des historiens se sont presque effrayés de la maîtrise précoce avec laquelle ce jeune homme de vingt-cinq ans avait mené sa campagne électorale. Tel il agira dans sa carrière politique, clairvoyant, vigoureux, sans ménagements. Lorsqu'il partit de Blérancourt, son plan de conduite était arrêté : il ne fera, dans les vingt-deux mois qui lui restent à vivre, que le développer avec une âpreté hautaine.

Il arriva le mardi 18 septembre. L'Assemblée s'ouvrit le surlendemain avec un cérémonial imposant, les membres de l'Assemblée Législative venant chercher les députés de la Convention Nationale et les accompagnant jusqu'aux Tuileries. La séance d'ouverture se déroula dans un des salons du château, trop étroit pour que l'on pût admettre le public. Faure, le doyen d'âge, présidait, et les députés présents procédèrent seulement à l'élection du bureau. De son banc, Saint-Just pouvait voir les leaders des partis, ces hommes dont la réputation emplissait la France et dont il se sentait l'égal : Robespierre, froid, élégant, le regard insaisissable sous ses lunettes vertes ; Danton, rougeaud, cordial, athée ventru ouvrant les bras à la vie, Camille Desmoulins. qu'il retrouvait là. Billaud-Varennes, l'air dur sous sa perruque rouge. Brissot, le fin Barnave, et puis, le visage aigu, le front coupé d'un étrange serre-tête, remuant et crispé, le fameux Marat. Pour la plupart de ces chefs, il n'était d'ailleurs pas tout à fait un inconnu, mais nul, sauf Robespierre, ne pressentait quelle force redoutable était en lui. Il suivit avec curiosité les premières séances, assista, un soir, à l'escamotage de la Monarchie, et regarda, silencieux. les partis poser, plus ou moins habilement, leurs pièces sur le jeu d'échecs parlementaire.

Séduit sans doute par la proximité des Tuileries et de la maison de Duplay, il s'installa, rue Gaillon, à l'hôtel des Etats-Unis. Dès son arrivée, en effet, il fréquenta assidûment les soirées de Robespierre. Il s'y créait des relations, y rencontrait des hommes politiques comme Camille Desmoulins, Leclerc, Pilastre le chevalier Pio, des artistes célèbres comme David, Prudhon, Gérard. Dans cette maison cossue où le râpement des varlopes et l'odeur résineuse des copeaux rappelaient au visiteur l'entreprise de menuiserie, Duplay, bourgeois quinquagénaire, regardait avec orgueil, de ses yeux bleus encore jeunes, toute cette famille active, honnête, sa femme, ses trois filles sérieuses et tendres, son « petit patriote » de quatorze ans, et s'ingéniait à créer une atmosphère de respect cordial et de tranquillité morale autour de l'hôte célèbre que sa femme et ses filles appelaient « Bon Ami ». Amical foyer, en effet, où les bustes, les portraits, les estampes disaient de pièce en pièce l'enthousiasme bonhomme et doux de tous ces braves gens pour leur grand homme.

Que de fois Saint-Just passa la grande porte cochère entre ses deux boutiques, au 366 de la rue Saint-Honoré, en face de l'église de l'Assomption, monta l'escalier où sonnait souvent le pilon de Simon Duplay, le mutilé de Valmy dont Robespierre avait fait son secrétaire !.. Il trouvait le député de Paris dans son petit salon de réception ouvert sur le jardin monacal, ou dans son humble chambre meublée du lit de noyer à rideaux ramagés de bleu, de deux chaises, d'une table, et de la bibliothèque emplie des œuvres de Rousseau, de Racine, et de Voltaire. Là il s'entretenait familièrement avec son maître, qui, frottant ses mains nerveuses, discutait avidement idées et tactique. Mais, le jeudi, il entrait directement au grand salon éclairé de flambeaux où le beau portrait de Robespierre par Gérard dominait les gros meubles d'Utrecht cramoisi et le clavecin. Les chaudes soirées heureuses ! Éléonore, grave avec son clair visage, et sa cadette Victoire brodaient près de leur mère ; Robespierre parlait à Mme de Chalabre ; dans un angle, debout, Leclerc, Pilastre, Duplay, le chevalier Pio, discutaient des plus fraîches nouvelles politiques ; Philippe Le Bas commençait sa cour discrète auprès d'Elisabeth ; David était là, figure un peu dure sous ses cheveux d'orage, ou Prudhon, ou le jeune Cietty, ce sculpteur à la poignante destinée, cet André Chénier du ciseau ;

Camille Desmoulins entrait, rieur, gamin, révolutionnaire en dentelles, cachant dans son habit quelque
volume obscène. Saint-Just allait de groupe en groupe,
et chaque soir, s'attardait davantage près du fauteuil
d'Henriette Le Bas. A la porte, le petit Jacques essayait
d'empêcher le danois Brount d'entrer irrévérencieuse-
ment au salon. Causeries, rires. Et puis tous se tai-
saient. Buonarrotti, le petit neveu de Michel-Ange,
l'ardent révolté, venait de se mettre au clavecin —
comme il s'y mettra quarante ans plus tard chez
George Sand — et jouait avec une poignante mélancolie
des canzonnetti de son pays opprimé ; ou bien Robespierre s'était levé, un livre à la main, et lisait quelque
grande page de Rousseau, évoquant peut-être, dans
sa religieuse mémoire, l'allée de Montmorency où,
tout jeune homme, il eut un dialogue mystérieux avec
le philosophe touché entre les branches par le soleil
du soir et de la mort.

Saint-Just retrouvait d'ailleurs aux Jacobins la
plupart des hommes politiques qui fréquentaient la
maison Duplay. Dès le début, il assista régulièrement
aux séances du club, et passa de longues heures
fiévreuses, mais utiles, dans cette vaste salle voûtée,
ancien réfectoire de moines, parée, au-dessus de la
porte, d'une fresque pieuse. Les séances de la célèbre
société présentent aujourd'hui, pour le curieux qui en
feuillette les procès-verbaux, un inénarrable mélange
de logomachie, d'enfantillage, de dénonciation, de vues
fortes, de sensibilité un peu ridicule. Les malins des
sections s'y exerçaient à l'éloquence, et l'on y trouve,
à l'état pur, quelques exemplaires de ces types pitto-
resques qui fourmillent en figuration dans tous les
grands mouvements sociaux. Il y a les avisés ; le

2 septembre, un gendarme national qui vient de prêter serment et part pour la frontière, s'inquiète du sort de son enfant encore en nourrice, et la société s'engage d'enthousiasme à payer les frais jusqu'au sevrage. Il y a les déclamateurs. Le sieur Le Vaneu déclare : « Mon chef de file sera les principes et mon point de ralliement la société. » Il y a les empressés ; un prêtre citoyen écrit : « Je suis curé de campagne et je suis marié. Mon cœur me dit que j'ai fait une bonne action. Je crois avoir bien mérité des bonnes mœurs. » Un citoyen fait même observer à ce sujet que certains évêques « paient leur tribut à la nature ». Puis il y a les dénonciateurs : le capucin Chabot dénonce, le 19 octobre, un Arménien, interprète des langues à la Bibliothèque Nationale, qui insulte les Jacobins. Il y a les originaux : le citoyen Varlet monte à la tribune, armé d'une pique surmontée d'un bonnet rouge et ornée d'un écusson : « apôtre de la Liberté. » Il y a les raseurs : un citoyen — dont le nom ne nous est malheureusement pas conservé — propose de lire un petit discours de cinq quarts d'heure pour soutenir le patriotisme des citoyens qui ne sont pas fermes dans la route du civisme. La Société, épouvantée, refuse. De temps en temps, des scènes étonnantes. Au cours de la séance du 14 octobre, Collot d'Herbois prononce à la louange de Dumouriez, qui va partir pour la Belgique, un discours inouï de ridicule : « De quelle félicité tu vas jouir, Dumouriez... Ma femme... Elle est de Bruxelles... Elle t'embrassera aussi... » Et Dumouriez, plus comédien que l'ancien acteur, répond gravement : « L'élégant discours de Collot d'Herbois restera gravé dans mon âme, il me servira de leçon. » Du coup, l'Assemblée en vote l'impression.

Et puis, des intermèdes : un grand nombre de Savoisiens, ayant bien dîné, se demandent par quelle manifestation collective ils pourront achever leur soirée, et décident de défiler dans la salle des Jacobins. « Des Savoisiennes embellissent cette marche », ajoute galamment le procès-verbal. Mais passaient aussi sur cette foule les grondements de Danton, la fureur tragique de Marat, les fortes harangues de Robespierre ; et l'enthousiasme, l'espérance, toutes les flammes de la Révolution fondaient ces ridicules, ces sensibleries, ces pauvretés, dans le brasier d'une vie intense.

C'est à la tribune du Club, à cette tribune bigarrée d'éloquence et de trivialité que Saint-Just fit ses débuts oratoires. Il ne se pressa point, d'ailleurs, d'aborder la discussion : ce grand orateur savait le prix des phrases, et que leur tonnerre doit rarement gronder, mais tomber juste. Le 22 octobre, il se décida. Marat venait de demander la parole pour s'étonner de certains mouvements de troupes et pour appuyer la création d'une sorte de corps civique, défenseur attitré de la Convention, dans lequel chaque département serait représenté. Arme fédéraliste. Le président l'ayant interrompu, l'étonnant fanatique s'était écrié : « Il n'y a pas d'heure pour le salut public ! » Et l'Assemblée, brutalisée, l'avait laissé escalader les degrés. Installé, les poings au rebord du bois, l'ami du Peuple avait âprement dénoncé des rassemblements nocturnes aux environs de Paris, des conciliabules d'anciens ministres proscrits et de membres de la Convention, un projet de transfert de l'Assemblée à Tours, et fait planer sur les jacobins irrités de mystérieuses terreurs. Mais un citoyen, qui se déclarait d'Indre-et-Loire, démentit la machination : « Les citoyens de Tours, déclara-t-il, sont disposés à se faire hacher plutôt que de laisser la Convention quitter Paris. » Alors Saint-Just (dont le procès-verbal orthographie le nom Sinjeu) remplaça Marat à la tribune. La thèse de l'Ami du Peuple heurtait nettement ce passionné d'unité. Il défendit donc cette idée que la mesure proposée, loin de renouer l'union et la fraternité entre les quatre-vingt-trois départements romprait en réalité l'unité et l'indivisibilité de la République. « Il étaie, nous dit le procès-verbal, son argument principal d'une foule d'idées accessoires et d'observations profondes sur la situation actuelle de la France. » Son bref discours frappa profondément cet auditoire saturé de phraséologie. Cette parole forte, claire, nourrie de pensée, d'une mâturité qui contrastait avec la jeunesse de l'orateur, tranchait vigoureusement par sa gravité glacée sur les violences sanguines de Danton et les fielleuses récriminations de Marat. « Dans le prochain numéro, ajoutait le procès-verbal, nous ferons connaître ce discours, qui a valu à l'intéressé des applaudissements aussi vifs que mérités. » Mais ce simple hommage parut fade au club, qui, le 24, Danton présidant, décida l'impression de la harangue et sa distribution à toutes les sociétés affiliées. L'opuscule de quatorze pages parut sous le titre : *Discours sur la proposition d'entourer la Convention d'une garde armée prise dans les quatre-vingt-trois départements*, prononcé, en substance, à la tribune de la Société, le Lundi 22 octobre 1792, an Ier de la République Française, par le citoyen Louis-Léon Saint-Just, député à la Convention Nationale. » En substance, dit ce titre. Conscient de la sensation produite, Saint-Just avait dû retoucher, compléter son discours. Par contre, il avait supprimé la particule. Discours allongé, nom raccourci. Le chevalier Léonard de Florelle de Saint-Just gît dans le passé.

A la Convention, il continuait à se taire. Sans un mot il suivait les violentes escarmouches qui, d'une acuité chaque jour plus exaspérée, accusaient l'antagonisme des Girondins, encore au pouvoir, et des Montagnards, résolus à prendre la direction des affaires. Il attendait, pour se classer à son rang, une grande occasion, et de se lever dans la tragique lumière d'un événement historique.

Elle s'offrit, cette occasion, dès le second mois. Le procès du roi venait de s'engager, et les débats préliminaires qu'il provoquait pesaient sur toute la politique intérieure et extérieure. La difficulté primordiale résidait dans la définition de la situation juridique du roi : de la décision prise dépendait le sort de toute l'affaire. Le roi était-il justiciable d'une juridiction quelconque, et, dans l'affirmative, de laquelle ? Quels étaient les rapports véritables de l'autorité royale et de la Nation ? Avant d'aborder le procès lui-même, il fallait le rendre possible, et donc définir la position de l'accusé et la nature des juges. Tout était neuf dans cette terrible procédure, et si l'on possédait la certitude qu'il y avait un coupable, l'on ne savait pas encore s'il pourrait y avoir un accusé. La France, l'Europe suivaient ces discussions avec une curiosité effrayée. Alors Saint-Just comprit que l'heure sonnait. Le 13 novembre il demanda la parole.

Hérault Séchelles présidait. Saint-Just gravit lentement les marches de la tribune, au milieu d'un silence attentif. Prenant un parti aussi tranché, se prononçant, pour son début, sur un problème d'une telle importance, il jouait son avenir politique. Il le sentait à ce silence même. Il promena son regard sur l'hémicycle, qui lui paraissait énorme, dans son mauvais éclairage, avec les députés immobiles comme des ombres. Et la Convention, sombre, hésitante, inquiète de son droit, inquiète de ses lendemains, regardait de ses centaines de visages ce jeune homme élégant, haut cravaté de neige, en habit bleu à boutons d'or largement ouvert sur le grand gilet blanc, un œillet piquant sa boutonnière, et pâle un peu, tout de même, sous ses boucles poudrées. Le voilà donc, ce hardi provincial, devant l'une des plus formidables assemblées de tous les temps. Deux puissances en présence dans la trouble lumière : un chef, une foule.

De sa voix jeune, nette, froide, il entreprit le procès du roi. Tout d'abord, il posa le principe : « J'entreprends de prouver que le roi peut être jugé, que l'opi-« nion qui conserve l'inviolabilité, et celle du Comité « qui veut qu'on le juge en citoyen, sont également « fausses, et qu'il doit être jugé dans des principes « qui ne tiennent ni de l'une, ni de l'autre. Moi, je « dis que le roi doit être jugé en ennemi, que nous « avons moins à le juger qu'à le combattre. » L'Assemblée écoute, subjuguée par ce ton hautain qui révèle, dès la première phrase, une personnalité. Les arguments se pressent. Quelle est donc cette époque où il semble que juger les rois soit un acte religieux, où le peuple, avant de juger un tyran, l'élève au rang de citoyen ? A Rome, s'embarrassa-t-on de préjugés pour sauver la liberté ? Vingt-deux coups de poignards, et la patrie se trouvait libérée. Mais ici l'on instruit respectueusement le procès d'un homme pris en flagrant délit, la main dans le sang ? De tels juges s'imaginent-ils qu'ils auront la puissance de fonder une république ? La défense de la liberté est un acte rude et fort. En France, la finesse des esprits et des caractères constitue le grand obstacle à la Liberté.

C'est que chacun examine ce procès de son propre point de vue. L'un s'épuise en subtilités. Mais de peuple à roi, il n'y a pas ce rapport naturel. On parle d'inviolabilité ? L'inviolabilité est au profit du peuple, et l'on ne peut jamais s'armer contre lui d'un caractère qu'il donne et retire à son gré. L'inviolabilité du roi s'arrête au crime, et si l'on en doutait, il résulterait de ce doute qu'il ne pourrait être déchu, et qu'il opprimerait le peuple sous la responsabilité même du peuple.

Y aurait-il donc, l'inviolabilité écartée, un pacte à respecter ? Mais le pacte est un contrat conclu entre citoyens et non pas avec un gouvernement. On n'est pour rien, à la vérité, dans un contrat où l'on ne s'oblige pas. Le roi, qui n'était pas obligé, ne peut donc être jugé civilement, au nom d'un contrat nécessairement nul. Rien n'est légitime de ce qui manque de sanction dans la morale et dans la Nation.

Le juger en roi ? Non. En citoyen ? Non. Mais en rebelle. Jugé civilement, il réclamerait l'engagement que le peuple a pris envers lui, quand il a violé le seul qu'il avait pu prendre envers le peuple, celui de le conserver. Quel dernier acte de tyrannie que de prétendre être jugé en conformité de lois qu'il a détruites ! Juger un roi comme un citoyen ? « Le mot étonnera la postérité froide. » Juger c'est appliquer la loi. Une loi est un rapport de justice. Quel rapport de justice y a-t-il entre l'humanité et les rois ?

Etonnée, entraînée, la Convention écoute. Pas une interruption. Pas un cri. Ce discours est un bloc. Au *Moniteur* il tombe dans les colonnes en coulées de plomb. La Convention écoute. A la tribune, la jeunesse fait le procès du passé.

« Non, continue l'orateur, de quelques illusions, de quelques conventions que la royauté s'enveloppe, elle est le crime éternel contre lequel tout homme a le droit de s'élever et de s'armer. Le consentement du peuple ne suffit pas à l'absoudre. Un roi, quel qu'il soit, est condamné par la nature. On ne peut régner innocemment. »

Le roi doit être jugé par un tribunal, comme tout citoyen ? Sophisme. Les tribunaux sont établis pour les membres de la cité. Mais Louis, avant son crime, ne pouvait faire acte de citoyen, voter, porter les armes. Par quel abus de pouvoir le revêtirait-on de ce titre de citoyen pour le juger ? Comment, alors que tout homme coupable sort de la cité, y rentrerait-il, lui, par son crime ?

Le peuple lui-même ne pourrait pas le juger. Car le peuple, dans sa souveraineté même, ne peut effacer le crime de tyrannie. Que l'on se hâte donc de juger le roi, car tout citoyen en face de lui se sent le droit que s'octroya Brutus, et, meurtrier, croirait avoir sauvé la patrie. Ce roi n'est pas le roi des Français, il est le maître de quelques conjurés. Et s'adressant, au-delà de l'enceinte, à ce grand pays qui attendait dans l'angoisse le dénouement de la tragédie royale, Saint-Just s'écriait : « Peuple ! Si le roi est à jamais absous, souviens-toi que nous ne sommes plus dignes de ta confiance, et tu pourras nous accuser de perfidie... »

Une immense acclamation réunit les Montagnards et les Girondins. Les adversaires se réconciliaient dans un enthousiasme commun. L'heure était peut-être la plus solennelle depuis l'ouverture du procès. La vieille monarchie avait trouvé devant elle ce jeune homme, et ce jeune homme la brisait. Par la vigueur, l'enchaînement, la violence entraînante des questions, il déclanchait des volontés hésitantes. Il réunissait des volontés disparates. Un orateur venait de s'affirmer, dont les phrases martelées, si elles ont encore une saveur agaçante, le goût du temps, échappent à la banalité. Ce discours offrait cette force d'apporter une idée neuve, une thèse originale. Certes, à l'analyse, on découvrirait le sophisme de tel argument. Mais qu'importaient les arguments ? Il semblait que les formules frappantes jetassent des éclairs qui, brusquement, illuminaient des profondeurs mystiques. Les orateurs précédents discutaient. Saint-Just affirmait. Il jetait de l'absolu dans le débat. La Justice était à la tribune. L'on sent, chez les juristes qui étudièrent ce conflit, des parlementaires préoccupés de l'affaire en elle-même, vue dans le jour étroit de la procédure ou sous l'angle déformant des répercussions politiques. Mais ce qu'il veut, lui, c'est en finir avec la monarchie, avec le roi qui la représente, parce que l'existence de ce roi, même déchu, constitue l'obstacle principal à cette organisation politique de la Justice qu'est la République. Le droit ancien a vécu : qu'importent au droit qu'il s'agit de créer les chicanes désuètes, les arguties centenaires ? Et que veulent ces hommes qui s'épuisent à raccorder ce droit nouveau à une législation morte ?

Un droit taché de sang apparut soudain aux Con-

ventionnels, une inexorable justice qui n'accepte pas
les nuances, qui repousse les minuties, qui se constitue
la servante, la gardienne, et, s'il le faut, la vengeresse
de la Vérité. Ils furent remués par ces accents inen-
tendus, conquis par cette volonté sans compromission
ni marché, totale. Un vent d'énergie passa qui balayait
les nuées. Cet homme qui applaudissait là, c'était Danton, cet autre, là-bas, c'était Vergniaud, cet autre, avec
son masque mauvais, c'était Marat, et celui-ci encore,
Robespierre. Tous les partis s'unissaient dans une
ovation qui saluait les derniers mots de l'orateur.
Saint-Just comprit qu'il avait gagné la partie : Paris
était conquis. Il descendit de la tribune en vainqueur.

Il existait enfin. Toutes ses rêveries le long des
chemins du Laonnois, ses premiers transports de
jeune révolutionnaire, ses luttes politiques, ses travaux acharnés, toute son ambition aboutissaient là.
Il entrait parmi les puissants. Tout à l'heure, fourmillement de carmagnoles rayées et de bonnets rouges,
la foule des sans-culottes, massée devant le manège
pour assister à la sortie des députés, hurlera son nom,
l'acclamera farouchement, gloire innombrable et violente décernée par le peuple. Demain Brissot multi-
pliera ses éloges dans son journal, la France apprendra
son nom, les partis s'efforceront de s'attacher son
avenir. Mais c'est à cette minute ardente, aux applaudissements de la Convention unanime, sur ces brèves
marches redescendues, qu'il tient, savoure, et réalise
son triomphe. Et c'est à cette minute que tous comprennent qu'il leur faudra compter, quelque jour,
avec cette puissance taciturne.

VI

Saint-Just était entré à la Convention, ce 13 novembre, à peu près inconnu du peuple. Il en sortait célèbre.

Il gardait une vue trop lucide de la situation générale pour s'enivrer de ce succès. Il aurait craint, plutôt, que ce discours ne le classât. Débutant aussi magnifiquement par cette harangue politique, il risquait d'être considéré comme un maître dans un genre qui demande surtout une grande habileté. Il n'accepta pas ce rôle. Il se rendait parfaitement compte, en effet, que la reconstitution de la Société ne se poursuivrait utilement que si l'ordre était assuré à l'intérieur et à l'extérieur. On ne légifère pas dans un pays grondant d'émeutes et dans le tourbillon des défaites. Or le peuple a faim et l'ennemi est aux frontières. La politique générale se trouvait donc conditionnée par une politique économique et une politique militaire, toutes deux techniques, et dont le maniement exige des études spéciales. Pas de travaux fragmentaires, pas de rêveries dans les nuées. Pas de myopie. Le roi jugé, condamné, cela est bien. Mais ce jugement, cette condamnation ne seraient que la destruction du passé — Destruction inutile, barbare même, si elle ne permettait pas l'édification d'une société neuve.

La situation économique, fâcheuse depuis plusieurs années, aggravée depuis plusieurs mois, est déplorable. Saint-Just ne croit pas qu'il soit possible de procéder à une organisation définitive du commerce et de·l'industrie dans des circonstances aussi extraordinaires, mais il estime qu'il y a lieu de recourir à une série de remèdes provisoires, à une sorte de préparation des relais de l'ordre. Alors seulement que les rapports entre le signe de la richesse et la richesse elle-même seront rétablis, que les impôts deviendront équitables, que les dettes se trouveront éteintes ou consolidées, que la confiance aura reparu, le Gouvernement pourra établir une règlementation d'ensemble et fixe. Mais ces remèdes, que seront-ils ? Il n'hésite pas : à une situation révolutionnaire, il faut faire face par des procédés révolutionnaires.

L'ordre intérieur rétabli par une gestion gouvernementale forte doit être à l'abri de la menace étrangére, donc se voir protégé par une armée solide. La doctrine de Saint-Just en matière militaire consiste dans la création d'une armée nationale et dans la subordination du commandement au pouvoir civil. D'un côté la coexistence d'un corps républicain de fédérés et des troupes régulières de la monarchie lui apparaît une cause de faiblesse par la dualité, de l'autre la présence d'officiers de l'ancien régime sûrement hostiles ou du moins suspects lui semble dangereuse pour la révolution. Là encore l'ordre, l'unité sont nécessaires. Enfin il faut aussi créer une mystique par l'enthousiasme : à une menace contre-révolutionnaire, il faut opposer une armée révolutionnaire.

Il lui fut donné d'exposer sans plus attendre sa thèse sur ce double sujet. Peu de jours après son début à la tribune, l'Assemblée entama précisément l'examen d'un projet de loi sur les subsistances. Le Comité en proposait l'adoption. Saint-Just, dans un discours puissant, très étudié, très frappant, s'y opposa.

On demande une loi sur les subsistances ? exposa-t-il. Une loi positive en une telle matière ne sera jamais sage. On ne contraint pas le commerce par des mesures violentes. Le malaise qui pèse sur le pays, d'où vient-il ? D'un mauvais système d'économie et d'administration, de la trop longue durée d'un gouvernement provisoire. L'abondance est le fruit d'une bonne administration, et la nôtre est mauvaise. La Société manque d'ordre. Quel remède ? La stabilité. « Il est dans la nature des choses que nos affaires économiques se brouillent de plus en plus jusqu'à ce que la République établie embrasse tous les rapports, tous les intérêts, tous les droits, tous les devoirs, et donne une allure commune à toutes les parties de l'Etat. Un peuple malheureux n'a pas de patrie. Vous voulez une république ? Faites que le peuple ait le courage d'être vertueux. En vain demanderez-vous de l'ordre : c'est à vous de le produire par le génie de bonnes lois. »

Ce qui a renversé en France le système du ravitaillement en grains depuis la Révolution, c'est l'émission déréglée du signe représentatif de la valeur. « Toutes ces richesses métalliques et territoriales sont représentées, le signe de toutes les valeurs est dans le commerce ; et toutes les valeurs sont nulles dans le commerce, parce qu'elles n'entrent pour rien dans la consommation. Nous avons beaucoup de signes, et nous avons très peu de choses. » L'assignat dévalorisé par ce mécanisme se déprécie. L'abolition du luxe, la rareté du métal, la diminution des échanges, produisent la raréfaction de la marchandise sur le marché. Qu'adviendra-t-il de ce sourd désastre ? Poète de la mort, prophète des fulgurantes destructions, Saint-Just s'écrie : « Notre liberté aura passé comme l'orage, et son triomphe comme un coup de tonnerre. »

Tout se transforme en monnaie. Mais l'orateur ne voit plus dans l'Etat que la misère, l'orgueil et le papier. Le remède, il y insiste, est dans le vote et l'application de bonnes lois. On a cru pallier à la crise menaçante en augmentant les salaires ? Augmentation dérisoire puisque le travail manque. Quelques travailleurs trouvent un salaire plus élevé, mais la plupart chôment. Et cette augmentation de salaire dont quelques-uns bénéficient demeure-t-elle elle-même réelle, puisque les assignats se multiplient ? L'or fait défaut, et l'or est nécessaire à l'Etat. Le laboureur, qui se défie du papier, veut garder son grain. L'égoïsme est partout.

Donc, liberté du commerce, — mais en thèse générale. Ce qu'il faut, d'abord, c'est sortir de la révolution, créer une république avec les membres épars du peuple, avec les débris renversés de la monarchie. Il s'agit d'établir la confiance. L'étonnant est que l'on ait bâti la République sur des vices : il est temps de la fonder sur des vertus.

Il faut porter secours aux manufactures, au commerce, à toutes les branches de l'activité nationale, décréter des primes à l'exportation. Il faut suspendre les émissions de papier. « Le vice de notre économie est dans l'excès des signes. Nous devons nous attacher à ne l'augmenter pas, pour ne pas accroître la dépréciation. Il faut décréter le moins de monnaie qu'il nous sera possible ; mais, pour y parvenir, il faut diminuer les charges du Trésor Public, soit en donnant des terres à nos créanciers, soit en affectant les annuités à leur acquittement, sans créer de signe, car cette méthode corrompt l'économie et, comme je l'ai montré, bouleverse la circulation et la proportion des choses. » Et comme conclusion, comme sanction de son discours, il propose à l'Assemblée l'adoption d'un décret disposant que les biens des émigrés seront vendus, et que le prix de la vente servira à rembourser la dette ; que l'impôt foncier sera payé en nature et versé dans les greniers publics ; qu'il sera publié une instruction de la libre circulation des grains à l'intérieur. Il demande également une loi concernant la liberté de la navigation des rivières, une loi mettant la liberté du commerce sous la sauvegarde du peuple, et annonce le dépôt d'une proposition de loi qui défendrait la représentation de fonds dans le commerce.

Ce discours fut, à plusieurs reprises, interrompu par de vifs applaudissements, et l'impression en fut votée à l'unanimité. Il consacra la réputation de Saint-Just. De fait, si l'on songe qu'il fut prononcé par un jeune homme de vingt-six ans, l'on ne peut, réserve doctrinale entendue, qu'admirer la largeur des vues, la solidité de la doctrine, la mâle noblesse du ton, l'autorité de la pensée. Il a sonné, après la guerre de 1914, des heures où, relus à la tribune de la Chambre des Députés, quelques passages en eussent paru tout frémissants d'actualité : certains des principes énoncés, frappés en formules ardentes, sont de tous les temps et de toutes les circonstances.

Cependant, se croisant avec la discussion sur les subsistances, la discussion de la procédure à suivre dans le jugement du roi continuait à se dérouler, sombre et passionnée. Les Girondins semblaient hésitants, divisés, et leur conscience de juristes pesait au trébuchet la valeur de tous les arguments présentés. Au fond, ils s'avouaient favorables à la pitié, mais la pâleur de ces jours sinistres les épouvantait. Sur le débat central d'insidieux orateurs tentaient d'adventices plaidoiries. C'est ainsi que le 16 décembre l'Assemblée se trouvait houleuse : à peine acquis le vote de la peine de mort contre quiconque tenterait ou proposerait de briser l'unité de la république, Buzot, brusquement, demanda l'exil des Bourbons. L'âpre et habile magistrat, fédéraliste tenace, embarrassait astucieusement la Montagne par sa franchise. Rusé, à la tribune, avec son visage vieilli et sa jeunesse fatiguée, il déclara que si le trône était renversé le despotisme vivait encore, rappela l'exemple de Charles Ier et exigea que « Philippe et ses fils aillent porter ailleurs que dans la République le malheur d'être nés près du trône — d'être revêtus d'un nom... dont l'oreille d'un homme libre ne doit plus être blessée... » La confusion régna aussitôt. Louvet parla de Brutus, et Duhem interrompit brutalement l'insolent adversaire de la Montagne : « Louvet ne doit pas nous écraser du despotisme de son talent ; il y a deux cents pétitionnaires à la barre. » Ils attendront. Lanjuinais parle ; Chabot parle. Tout le monde est d'accord sur la mesure à prendre, mais non sur son opportunité. Les noms de Brutus, de Tarquin, de Catilina passent

dans la lourde atmosphère avec des lenteurs de spectres. C'est au milieu de ce tumulte que Saint-Just prit
la parole. Il sentait fort bien le danger de la proposition, la rouerie de l'ancien procureur, et fonça très
habilement sur ces sournoiseries. Brutus chassa les
Tarquins pour assurer la liberté ; mais ne veut-on
pas chasser les Bourbons pour faire face à d'autres
Tarquins ? Certes, il abhorre les Bourbons, et demande
leur exil, en exceptant de cette mesure le roi. Mais il
demande que l'on s'en tienne au réalisme politique,
et qu'avant le jugement de Louis XVI le Comité
présente un texte des droits de l'homme et l'Acte
constitutionnel de la République. Le lendemain, la
famille d'Orléans devra quitter la France.

Discours de tacticien, mais qui ne frappa point.
Il y eut des applaudissements, il n'y eut point d'enthousiasme. La question avait été trop bien posée par
Buzot. Alors, Moreau, de Châlons, protesta, fit
rire les Conventionnels en parlant des intrigants qui
voudraient chasser les Bourbons pour placer Roland
sur le trône. L'idée de ce vieux Monsieur assis sous
un dais fleurdelisé égaya. Mais, bientôt, on murmura,
l'Assemblée s'impatienta, et le président dut clore
la discussion tandis que Camille Desmoulins protestait,
exigeait la parole, criant au milieu des rires : « Je
veux dire des choses neuves ! » Dressé à son banc,
Duhem réclama la démission de Roland, cause de
division, tandis que Camille Desmoulins, descendu
dans l'hémicycle, courait de droite et de gauche en
vociférant.

Ces phrases d'atermoiement, bien que peu goûtées
de la majorité, n'entamèrent en rien la popularité de
Saint-Just. Son autorité grandit : le 24 décembre,

il présida les Jacobins, et reçut, en cette qualité, les députés des patriotes bataves qui affirmèrent le dévouement de leurs concitoyens à la cause de la Liberté, mais refusèrent prudemment de dire si les démocrates l'emportaient en nombre, aux Pays- Bas, sur les stathoudériens. Il garda la présidence du club jusqu'au Ier janvier 1793.

Entre temps, il continua d'agir dans le procès du roi, et, de nouveau, sut intervenir aux heures décisives. Louis XVI, le 11 décembre, avait comparu à la barre de la Convention.

Le pathétique profond de ce procès réside en ceci que devant une justice idéale, dépouillée de toute contingence, l'Assemblée accusatrice et le prince accusé avaient également raison. Pour un monarchiste imbu du véritable principe absolutiste, il n'y avait pas de coupable, et les papiers de l'armoire de fer, qui attestaient une indéniable trahison, ne prouvaient rien. C'est que Louis XVI et la Convention se mouvaient dans deux systèmes politiques inconciliables. Louis XVI incarnait la vieille idée monarchique, presque millénaire, de l'identité de la France et du roi. Escomptant l'appui de l'étranger, il n'imaginait nullement trahir la France : la France, c'était lui. Les révolutionnaires ne formaient à ses yeux qu'une faction, qu'un groupe d'émeutiers, ne représentaient qu'eux-mêmes : il eût dû, pour rester dans la logique, décliner la compétence de l'Assemblée. Il était la Patrie. Qui l'attaquait attaquait la Nation. Qui le défendait défendait la France.

Mais ce pouvoir de représentation nationale qui lui venait du fond du temps, il était, sorti cette fois des profondeurs du peuple, passé tout entier dans l'Assemblée. Alors que le Roi cessait d'être l'incarnation du pays, elle en devenait l'émanation toute puissante. La France ne se figurait plus dans une succession monochrome de personnages solitaires, mais dans une réunion bariolée des différents représentants du territoire. Ce déplacement d'autorité suffisait pour qu'au regard de l'Assemblée, le roi fût coupable. Aussitôt, il devenait le révolté, ses alliés européens, appuis armés de la Monarchie, se transformaient en ennemis du pays. C'était lui le factieux, et la France c'était l'Assemblée. Ainsi donc il s'agissait du conflit de vérités relatives et contradictoires. Un monde qui finit, un monde qui commence ne s'ajustent pas.

Le roi, en redingote brune, était accompagné du maire de Paris et des généraux Santerre et Wittengoff. Son visage amaigri, long et noble, dont le portrait fait au Temple nous a conservé les traits un peu détendus, était mal rasé. « Saint-Just, écrivit Thiers, sentit lui-même, comme Robespierre et Marat, défaillir son fanatisme, et s'étonna de ne voir qu'un homme dans le roi dont il demandait le supplice. » Nul texte ne paraît corroborer cette affirmation et je ne sais de quel contemporain l'historien de la Révolution a pu tenir ce détail de psychologie. Mais il ne me déplairait pas que Thiers ait eu raison.

En tout cas l'esprit de système reprit vite son empire sur le jeune conventionnel. Saint-Just suivit avec attention toutes les phases du procès, craignant la ruse des chicanes indéfinies et prêt à s'opposer à toute défaillance des juges. Le 26, en présence du roi assis entre ses défenseurs, de Sèze prononça son admirable plaidoirie, pleine d'un sobre courage, toute fraîche de vibrante jeunesse, défendit la thèse de l'inviolabilité, puis discuta point par point l'acte d'accusation. Louis XVI sorti, le tumulte fut inouï.

Le 27, sentant qu'après les débats de la veille et les violences qui avaient obscurci et clos la séance. l'Assemblée hésitait, Saint-Just quitta son banc, gagna la tribune, et jeta ses arguments dans la discussion avec sa netteté coutumière, assumant devant l'Histoire sa responsabilité. « Citoyens, commença-t-il, quand le peuple était opprimé, ses défenseurs étaient proscrits ; les rois persécutaient les peuples dans les ténèbres ; nous, nous jugeons les rois à la lumière. » Ainsi reprenait-il sa thèse sans nuances, et cette conception de l'histoire, romantique avant le romantisme, aujourd'hui bien désuète certes, prêterait aisément à sourire. Mais qui pouvait sourire, à ces heures de mort, alors que les mots tuaient ? Et d'ailleurs ne faut-il pas songer, en relisant un discours comme celui-ci, qu'au moment où en retentissaient les phrases, la France menacée au cœur se défendait avec le glaive ? Il suffit de feuilleter *le Moniteur*, de lire les entrefilets relatifs aux entreprises des émigrés, aux mouvements des troupes impériales, pour comprendre certains accès de rage froide, cet acharnement contre l'accusé. Contre l'accusé ? Ce n'est pas un homme que condamne Saint-Just c'est une doctrine. Il a le goût cruel de l'abstraction, qui ne permet plus de voir des êtres de chair et de sang, dans leurs angoisses et leurs souffrances, mais les idées que représentent ces êtres. La faiblesse n'est plus permise, déclarait-il. Quand on a demandé l'exil de tous les Bourbons pourrait-on, sans injustice, épargner le seul d'entre eux qui soit coupable ? « Tout ce qui porte un cœur sensible sur la terre respectera notre courage. » Conscient de l'obscur mouvement de sympathie qu'avait provoquée la comparution de l'accusé, si digne, si calme, si noblement héritier de la magnanimité royale, il rappela ensuite les roueries, les tergiversations de Louis XVI. « Défenseur du roi, que demandez-vous ? Si le roi est innocent, le peuple est coupable... »

On a parlé d'en appeler à la nation. N'est-ce pas préparer le retour de la Monarchie ? Il n'y a pas loin de la grâce du tyran à la grâce de la tyrannie. Ce n'est pas l'Assemblée qui accuse, qui juge le monarque, c'est le peuple qui l'accuse, qui le juge par ses mandataires. « Vous avez proclamé la loi martiale contre les tyrans du monde et vous épargneriez le vôtre !... » Singulière logique. Et quant à la récusation, de quel droit le roi récuserait-il la justice de la Convention ? L'Assemblée doit écarter toute autre considération que celle du bien public. « Si l'on récuse ceux qui ont parlé contre le roi, nous récuserons, au nom de la Patrie, ceux qui n'ont rien dit pour elle. » Comment ferait-on reposer le destin du pays sur le jugement d'un coupable ? Que chacun des députés, publiquement, se prononce.

Ce discours n'est pas un des meilleurs de Saint-Just, et les dilemnes qu'il y pose, ces dilemnes dont il use d'habitude admirablement, apparaissent trop clairement sophistiques. Quelques-unes des images, assez peu satisfaisantes, ne s'adaptent pas au ton de la harangue : « Ayez le courage de dire la vérité ; la vérité luira dans les cœurs comme dans un tombeau. » Enfin, l'on ne trouve pas dans ce discours la grandeur véhémente, la poignante logique du premier réquisitoire. Tel quel, il n'en donnait pas moins une forte impression d'énergie, de volonté sans pli, un rappel opportun de la doctrine du salut public, et si ce discours n'eut pas, sur la mort du roi, l'influence tragique que certains détracteurs de Saint-Just lui ont attribué, il n'en remua pas moins la Convention.

Après cette intervention, Saint-Just se tut. Il suivit, en silence, les dernières péripéties du procès. A ce moment, il présidait les Jacobins. Le 1er janvier il rappela aux membres du Club qu'une souscription était ouverte pour faire imprimer et publier un discours de Robespierre. « Nous l'avons regardé, déclara-t-il, comme une éternelle leçon pour le peuple français, comme un sûr moyen de démasquer la faction brissotine et d'ouvrir les yeux des Français sur la vertu trop longtemps inconnue de la minorité qui siège sur la Montagne. » Mais, à la Convention, plus un mot. Il assista, de son banc, à ces étranges et sombres séances qui se déroulaient, interminables, poursuivies dans la nuit à la lueur des lampadaires comme des veillées funèbres, et tout à coup secouées par des confidences courant de travée en travée ainsi qu'un vent d'effroi.. Le vote. Dans les tribunes, des vendeurs promènent des plateaux, servent des rafraîchissements aux belles auditrices empanachées, et des garçons bouchers étalent cyniquement leurs tabliers éclaboussés de sang. Enfin tandis que l'aube blême se lève et trouble les lumières, le tour de Saint-Just vient ; il monte à la tribune et vote pour la mort.

Cependant, après avoir exposé sa doctrine sur la question des subsistances, il fut amené à présenter à la Convention sa doctrine sur le problème militaire. Nous avons vu qu il tenait l'une et l'autre, dans ces

temps de transition économique et de menace d'invasion, pour essentielles. Le problème militaire, d'ailleurs,
l'intéressait particulièrement, et depuis quelque temps
déjà il notait sur un petit cahier ses remarques, ses
idées touchant l'administration de la guerre. Aussi
bien sa pensée profonde est-elle toujours la même,
qu'il s'agisse de la réforme du commerce ou de la
réorganisation de l'armée : Saint-Just est l'homme
d'un système, et ne chercha jamais à des problèmes
divers des solutions divergentes. L'homme d'un
système. L'homme de l'ordre. L'homme de l'unité.

Ce fut peu de jours après l'exécution du roi que
la Convention mît à l'ordre du jour la refonte de
l'armée. Saint-Just intervint par deux fois dans la
discussion.

Tout d'abord, au cours de son premier discours,
il posa ce principe qu'ici comme en d'autres matières,
la puissance suprême appartient à la Convention,
qui doit l'exercer en laissant au Ministre de la Guerre
une part d'initiative. Des esprits paradoxaux pourraient insinuer que la faiblesse de l'autorité est favorable à la liberté. Erreur. S'il n'est pas réfréné par un
pouvoir énergique l'arbitraire se glisse partout. Il
suffit de jeter un regard d'ensemble sur la situation
de l'armée. L'administration de la Guerre est en plein
désordre. Aucune affaire n'est contrôlée ; les marchés
pour habillement, les achats de chevaux, donnent lieu
à des tractations frauduleuses, à des collusions déplorables entre inspecteurs et fournisseurs. Et comment
saisir les traces écrites de ces collusions ? La comptabilité est inexistante. L'armée, dont les intérêts matériels sont ainsi gérés, se dissout. « La moitié des rations
est pillée, les camps sont des foires où la patrie est à

l'encan. » Et les conventionnels qui entendaient ces phrases devaient évoquer les longues plaines du Nord où s'enlisaient des troupes sans pain et sans feu, dont les chevaux parqués attendaient trois ou quatre jours la distribution d'avoine ; les trafiquants s'abouchant avec les contrôleurs ; de nombreux officiers rêvant, dans l'inaction de la tente, le retour de la monarchie, de trop nombreux soldats grognant, le ventre creux, autour des bivouacs, prêts à quitter leur poste ; tout ce découragement enfin, tous ces héroïsmes débraillés, toutes ces hésitations de conscience qui rongent une armée lamentable pataugeant dans la boue, sous un ciel bas et pluvieux, où se profilent les remparts noirs et luisants d'une ville occupée par l'Autrichien... Le remède ? L'orateur l'offrait, toujours le même. « Ce n'est point par des plaintes ni par des clameurs qu'on sauve sa patrie : c'est par la sagesse ». Sagesse difficile.

Puis Saint-Just établit nettement les principes qui doivent présider à la délicate répartition des pouvoirs, afin que le Ministre ne soit pas privé de ceux qui lui sont nécessaires, mais n'obtienne pas, d'autre part, une sorte de souveraineté dangereuse. « La direction du pouvoir militaire (je ne dis pas de l'exécution militaire) est inaliénable de la puissance législative ou du souverain ; il est la garantie du peuple contre le magistrat. » La Convention doit inclure dans ses prérogatives la direction des opérations générales de la guerre, et veiller à ce que le pouvoir militaire ne puisse commettre aucun abus. Saint-Just a toujours craint, pour la république naissante, dans cette atmosphère de guerres continuelles, le péril de la dictature militaire. Il a — trop juste vision de l'avenir — la hantise du général factieux poussé par le vent des victoires. Aussi s'ingéniait-il à doser habilement les prérogatives du pouvoir civil et du commandement technique, à régler les rapports parfois difficiles entre le ministère et les chefs, à contrebalancer leurs influences réciproques. Oter aux généraux la possibilité d'intriguer, au Conseil la tentation d'usurper, voilà le problème à résoudre. Quant à lui, et c'est solennellement qu'il le déclare, il envisage la situation avec tranquillité. « Oubliez-vous vous-mêmes. Votre intérêt vous commande de ne pas vous diviser. Quelles que soient les différences d'opinions, les tyrans n'admettent point ces différences entre nous. Nous vaincrons tous, ou nous périrons tous. Votre intérêt vous commande l'oubli de votre intérêt même : vous ne pouvez vous sauver que par le salut public. » Mots prophétiques, mots troubles qui suintent le sang.

Le 11 février, il poursuivait l'exposé de son système. Il s'agissait, cette fois encore, de l'organisation de l'armée, et la discussion portait sur le fameux amalgame préconisé par Dubois-Crancé. Saint-Just soutint énergiquement l'avis du Comité. La vieille armée regorgeait d'officiers et de sous-officiers, l'armée des volontaires manquait de cadres. Là, trop de chefs pour les troupes ; ici, trop de troupes pour les chefs. L'amalgame, qui palliait, du même coup, aux deux inconvénients, offrait de plus pour Saint-Just l'avantage de s'accorder avec sa conception générale de la nation en réalisant par la fusion des deux armées l'unité de la défense nationale. « L'unité de la République, déclara-t-il, exige l'unité dans l'armée ; la patrie n'a qu'un cœur, et vous ne voulez pas que ses enfants se la partagent avec l'épée. »

Dans cette armée nouvelle, le principe neuf de

l'élection devait nécessairement jouer : officiers et sous-officiers tiendraient désormais leur avancement de la troupe. Danger ? Non, estime l'orateur. « Je ne connais qu'un moyen de résister à l'Europe, c'est de lui opposer le génie de la Liberté. » Instabilité des grades ? Fléchissement dans la discipline ? Ces objections sont pratiquement annulées par le fait que l'élection ne jouera pas dans la nomination des membres de l'Etat-Major. Mais, immense avantage, et nouveau, et lourd de joyeuses possibilités, cette innovation crée l'armée démocratique. Il y a monarchie là où la puissance exécutive dispose de l'avancement dans l'armée ; il y a république lorsque le peuple a le plus de pouvoir possible et exerce toutes les fonctions dont il est capable. Dans le premier cas, les chefs sont des créatures à la solde d'un monarque ; dans le second, ils sont des hommes libres au service de la Nation. En réalité, pris dans son sens profond, dans son sens véritable, le mot de commandement est impropre. « A quelque degré que l'on observe la loi, on ne commande point. » Le 23 février, la loi était votée.

Au triple point de vue politique, financier, militaire, Saint-Just avait ainsi, au cours de ces cinq premiers mois de la législature, esquissé à larges traits sa doctrine. Par cet exposé, il s'était révélé un orateur de grande classe, un peu sombre, mais avec d'extraordinaires lueurs, armé à la fois d'une logique puissante qui saisissait les esprits réfléchis, et d'une éloquence violente, pressante, propre à frapper et entraîner les masses — donc doublement redoutable. En même temps il venait d'apparaître comme un homme politique assez froid, mais très lucide, envisageant toute situation dans son ensemble, superbement habitué aux idées générales, et décidé à développer son système social sans atténuation, ni condescendance, avec une volonté de fer — en somme un peu comme le créateur brutal de l'avenir. Vergniaud, Barnave, sont perdus, éparpillés dans leur fédéralisme, déjà condamnés. Danton, souple dans ses grondements. sinue en de ténébreux méandres diplomatiques. Robespierre s'affirme de plus en plus comme un professeur de morale. Lui, déjà, est social. Mais d'autres le sont par illuminations brusques, par sentimentalisme. Lui l'est par logique, avec ténacité.

Cependant les rêveries de l'enfant écoutant à Nampcelles les récriminations de l'ex-brigadier de la gendarmerie du duc de Berry, les fureurs recluses du pensionnaire de Picpus, les enthousiasmes du jeune auditeur des causeries de Reims, sont au fond du système qu'il découvre ainsi peu à peu à la Convention. Et c'est peut-être parce qu'il a sorti des tristesses, des colères, des enthousiasmes de son propre passé ces fortes idées de justice, qu'elles prennent, dans ses discours et ses réalisations, une forme si vivante, si implacable, si mystique.

Il veut créer une république unie de citoyens vertueux. Des historiens, qui n'étaient point sceptiques, ont vu là une antinomie et lui ont reproché d'avoir dans ce dessein signé des listes d'échafaud. Crimes, ont-ils dit, incompatibles avec ce rêve. Mais la question est justement de savoir s'il serait possible de faire régner sur terre la vertu sans débuter par quelques crimes préalables et nécessaires.

VII

La République était proclamée. Elle n'était pas fondée. Le vote du 21 septembre 92 se trouva brusquement acquis dans la confusion d'une fin de séance, et, depuis cette date, les grands actes constitutionnels apparaissaient négatifs. On assistait à la destruction de la monarchie plutôt qu'à la construction du régime républicain. Le pays vivait de provisoire, et, dans une de ses plus remarquables interventions, Saint-Just avait fait remonter à cette carence d'institutions, à cette précarité de la vie sociale, la cause même de la disette, du désastre financier, des difficultés militaires. Tout pouvait se voir remis en question, à chaque minute, parce que tout demeurait en suspens. Attente sous une pesanteur d'orage. Que serait la République elle-même ? Fédéraliste? Unitaire ? Les sournois ennemis de Paris veillaient, rêvaient de contrebalancer l'action révolutionnaire de la capitale par la prudence un peu lourde des autres départements, et dénonçaient la dictature d'une cité. Dans ces heures où se créait un peuple, le Sinaï n'offrait que des nuées et des éclairs : les Tables de la Loi manquaient. La Convention, qui parait aux nécessités successives par des fragments législatifs, se rendait compte de l'urgence d'une solution d'ensemble, et venait de désigner le rapporteur d'un projet de constitution républicaine. Saint-Just vit aussitôt le péril. Peut-être aussi se cabra-t-il d'orgueil.

Le rapporteur, c'était Condorcet. Autant valait dire le xviiie siècle. L'esprit scientifique, irreligieux, l'esprit de l'Encyclopédie. L'ancien Inspecteur général des Médailles n'avait que quarante-neuf ans, mais il appartenait à cette génération qui connut Voltaire, d'Alembert, Diderot, et qui voyait dans la Révolution le couronnement de sa philosophie — une fin. Saint-Just était de ceux qui, jeunes et libres, y voyaient l'élan vers l'avenir — un commencement. Sans doute par certains aspects de son talent oratoire, il tient du xviiie siècle, mais par tout ce qui est neuf, par tout ce qui durera de lui, il s'en libère. Il est tourné magnifiquement vers le xixe siècle. Or il pressentait dans le rapport de l'encyclopédiste une constitution athée, une géométrie sociale, l'organisation d'une société sans âme. Il y voyait aussi peut-être un régime futur de la France où il n'aurait pas, lui, Saint-Just, mis sa griffe.

Il a déjà indiqué quelques-uns des aspects les plus importants de son système. Voici maintenant que s'offre l'occasion de l'exposer tout entier, de le transformer en constitution, de le faire passer dans la réalité. Or ce système, fondé sur l'unité, est opposé aux conceptions girondines, et, tout imprégné de spiritualisme, au matérialisme social. Si Condorcet l'emporte, son propre effort est détruit. Comment ne se défendrait-il pas avec acharnement ?

Tout de suite il se jeta dans le travail, pour soutenir son projet personnel, prépara le discours qu'il comptait prononcer à la Convention en réponse

au rapport de Condorcet, et commença la rédaction
d'un livre : *les Institutions républicaines*. Il bâtissait
l'avenir à sa mesure, qui est large, nette, autoritaire.
Chez les Duplay, lorsque Buonarrotti, farouche, assis
au clavecin, les avait enivrés de sa musique révolutionnaire, il parlait de son discours, de son ouvrage à
Robespierre qui, de plus en plus animé de préoccupations morales, devait l'encourager vivement, à Le
Bas, pour lequel son amitié devenait affectueuse et
forte, à Henriette Le Bas aussi, fine, intelligente et
belle amie. Et sous le portrait de Gérard, il discutait
ainsi, fervemment, tout cet ensemble de grandes idées,
de berquinades, et de volonté sanglante qui nous
apparaît aujourd'hui terrible et désuet.

Ces travaux l'absorbaient. Il ne parut pas dans les
bagarres de février, lorsque les prix montaient, que la
foule pillait les bateaux de savon et les épiceries, il ne
prit aucune part aux journées de mars lorsque
l'Assemblée déchirée, en proie aux affres de la dualité,
sembla un moment à la merci de la populace. Il ne
prit même pas la parole, aux heures sombres et
mémorables où les maîtres de la Convention forgeaient
l'instrument judiciaire qui devait, en quelques mois,
les faire périr les uns après les autres. Dans la séance
du 10 mars, Robespierre demande, de sa voix un peu
aiguë à la chute de certaines phrases, que l'exécution
des lois soit confiée à une commission de patriotes
épurés, et Danton gronde, violemment, un appel
d'énergie. Vergniaud, Buzot protestent en vain. La
Convention institue le Tribunal révolutionnaire. Les
bras croisés, hautain, Saint-Just suit de ses yeux
clairs les remous de l'Assemblée, les députés qui se
lèvent et hurlent, Robespierre, la tête en arrière, qui

maîtrise l'opposition, Danton, mafflu, pourpre, le geste terrible...

Mais, le 24 avril, il monte à la tribune. Condorcet a présenté son monstre areligieux, ce rapport qui n'est, en effet, qu'un article démesuré de l'Encyclopédie. Vergniaud et Robespierre ont parlé. A son tour il s'explique.

Son principe ? Un gouvernement fort. Surtout qu'on ne craigne rien pour la Liberté ! « Ce peuple est vif et propre à la démocratie : mais il ne doit pas être trop lassé par l'embarras des affaires publiques. Il doit être régi sans faiblesse, il doit l'être aussi sans contrainte. »

La pensée profonde de ce discours, c'est l'unité du pays gouverné au moyen de l'élection. Un bloc. Et la souveraineté du peuple. C'est la grande idée de Saint-Just, le centre de tout son système social. Par là même, il a pris position pour toutes les luttes prochaines, et son attitude au cours des grands procès qui surgiront se trouve d'ores et déjà logiquement indiquée. La République est une et indivisible. Et cela déjà le dresse contre les Girondins. Elle est implacable. Et cela le dressera contre Danton. Elle reconnaît l'Etre suprême. Et cela le dressera contre Hébert. Les citoyens gèrent cette République grâce au droit de vote : toute fonction est soumise au bulletin. Il n'y a plus que des collèges électoraux. La politique, la justice, l'armée relèvent de cette élection innombrable et anonyme.

La politique ? Elle est dirigée par deux Assemblées, l'une, Assemblée législative, élue pour deux ans au suffrage universel et direct, au moyen du vote obligatoire, émis à haute voix, de tous les citoyens âgés de plus de vingt-et-un ans ; l'autre, Conseil de gouvernement, élu pour trois ans au moyen d'Assemblées secondaires, issues elles-mêmes d'un vote des communes. Les citoyens se réunissent de droit en comices électoraux tous les deux ans, le 10 mai, et tous les trois ans, le 15 novembre, pour procéder aux opérations nécessaires. Les fonctionnaires publics, les militaires en activité, les représentants du peuple sont privés du droit de vote.

La base de l'organisation politique, c'est la Commune. Elle n'est point une expression géographique, mais un groupement humain. Elle se trouve constituée par un nombre fixe d'électeurs qui va de six à huit cents votants ; l'union des communes constitue l'arrondissement, et trois arrondissements forment le département.

Le pouvoir exécutif est aux mains du Conseil élu par les Assemblées secondaires, à raison d'un membre et de deux suppléants par département. Il agit en vertu des lois et décrets de l'Assemblée Nationale, par l'intermédiaire d'un conseil de neuf ministres qu'il élit à la majorité absolue des voix et qui sont ceux de la guerre, de la marine, des affaires étrangères. du commerce et des subsistances, de la police générale, du suffrage et des lois, des finances, des comptes, du trésor public. Il peut déférer ces décrets et ces lois, s'il les juge anticonstitutionnels, à la sanction du peuple. La Constitution elle-même peut être modifiée, sur la demande des Communes, par une Convention élue pour une durée d'un mois avec compétence limitée.

L'administration de l'arrondissement est assurée par un directoire composé de huit membres et d'un syndic, placé sous les ordres du Conseil ; celle des communes par un Conseil élu de communauté, qui répartit les contributions directes, les travaux publics et s'occupe de la levée des troupes.

L'organisation judiciaire ? Tout d'abord des arbitres jugent sans appel au-dessous de cent livres. Dans chaque commune, un maire est chargé des fonctions de juge des contestations et de la police. Il est assisté d'un procureur de la Commune et d'un greffier, élus annuellement, et d'un jury de sûreté tiré au sort chaque mois, et qui doit qualifier le délit. Dans chaque arrondissement, un juge de paix nommé par les Assemblées secondaires, et un juge de paix, tiré au sort chaque mois, sont chargés d'examiner l'appel contre les sentences des arbitres, sans juger sur le fond, et de renvoyer, s'il y a lieu, à de nouveaux arbitres cette fois définitifs.

Les Cours sont composées de quinze juges nommés par les Assemblées secondaires et divisées en trois tribunaux auprès desquels siègent un accusateur public, un censeur et un greffier élus dans les mêmes conditions. Le premier tribunal connaît des assassinats et n'applique que la mort ; le second, des délits contre les citoyens et les propriétés et n'applique que les fers ; le troisième, des contraventions aux jugements et n'applique que des peines infâmantes. Les jurés sont chargés de la procédure, les censeurs de requérir l'application de la loi, et, le cas échéant, de déférer les jugements irréguliers à une Cour de Cassation.

L'armée ? Saint-Just avait indiqué, dans deux discours antérieurs, ses idées essentielles sur l'organisation militaire, et les avait fait triompher.

Enfin les fonctionnaires, civils et militaires, sont élus par les citoyens, et, dans le cas de faute professionnelle, renvoyés devant la Cour siégeant, tous tribunaux réunis, en Cour de justice.

L'exposé de ces principes se terminait par une série d'affirmations solennelles au nombre desquelles figurait le serment que la République ne prendrait jamais les armes pour asservir un peuple, et ne traiterait jamais avec un ennemi occupant son territoire.

Tel est, dans ses grandes lignes, ce projet dont la lecture fut accueillie avec faveur par l'Assemblée. Il posait un principe excellent, un principe nécessaire et qui apparaissait de combat en ces heures de menace fédéraliste, celui de l'unité nationale. Sur ce point, il s'opposait très heureusement au projet de Condorcet. Mais il posait, parallèlement, un principe, très en faveur à cette époque et dont l'application eût constitué une source d'instabilité dangereuse, celui de l'élection aux fonctions publiques. En ce qui concernait l'électorat militaire, sa mise en pratique eût fatalement conduit à une série de pronunciamentos, et à cette dictature de général victorieux qu'il redoutait cependant tout particulièrement : son argumentation sur ce point était faible. En ce qui concernait l'éligibilité de fonctionnaires, sa réalisation eût provoqué la constitution de clientèles et empêché cette lente spécialisation à tous degrés de la hiérarchie qui a fait de l'administration française, dès le début du xix* siècle, un modèle pour toute l'Europe : cette conséquence de sa théorie lui échappa.

Enfin ce discours nous apparaît gâté çà et là par ces rêveries propres à son temps et qui se révèlent aujourd'hui de tendres naïvetés. C'est ainsi qu'entre autres mesures persuasives destinées à faire, sans coercition, régner la vertu, son auteur prévoyait une procédure pour l'apaisement des séditions possibles. Et quelle procédure ! Six vieillards, naturellement élus, passent au premier tumulte une écharpe tricolore et se rendent processionnellement sur la place, au milieu des émeutiers. Le peuple se tait, écoute leurs sages conseils, et se disperse. Si quelque citoyen refuse de s'incliner devant cet appareil de burgraves républicains, l'ironiste malavisé sera réputé méchant, et perdra ses droits électoraux ; si quelque brute, d'aventure, insconciente des grandeurs de la discipline, assassinait un de ces conseillers chenus, la République prendrait le deuil pendant un jour, qui serait obligatoirement chômé. A cette mise en scène il faudrait du Méhul.

Mais nous trouverons ailleurs, et particulièrement dans ces *Institutions républicaines* où il filtrait lentement ces rêveries sociales, des berquinades de cet ordre, tout un galimatias pour cœur sensible. Il faut écarter ces illusions de jeunesse, et voir au-delà, dans sa netteté, la pensée elle-même de Saint-Just si ferme, si moderne, et puis ne jamais oublier que même sur ces bergeries à philosophes, se courbe un grand ciel profond plein d'images tragiques.

Ces idées d'unité, d'élection, il y tient avec une ardeur. Il sent au flottement parlementaire qui s'est produit, aux méfiances surtout des hommes de la Montagne, que le projet de Condorcet n'aboutira pas, et tout aussitôt il redouble ses critiques. Ses phrases, chaque fois qu'il discute cette question primordiale, frappent comme des béliers à tête de bronze.

Le 15 mai, il reprend la parole au sujet de la division politique du pays. C'est la première fois qu'il parle dans la Salle des Machines, où la Convention vient de transporter ses assises, vaste salle aux marbres jaunes et verts, décorée de bustes. tout spécialement aménagée pour les séances, avec ses dix rangs de gradins, son grand couloir central qui descend vers la barre, et, sur toutes les murailles les tribunes publiques où s'entassent, manifestent, hurlent, deux mille auditeurs. Mais Saint-Just s'y trouve à l'aise, et sa voix grave porte bien.

Il insiste encore sur la nécessité de l'unité nationale, il revient, il insiste sur le principe de l'électorat géographique : la division des départements est pour lui, déclare-t-il, celle de quatre-vingt cinq tribus dans une population et non de quatre-vingt-cinq parties dans un territoire. Il ne voit pas de terres, il voit des hommes. Il ne voit pas des cités. Il voit des citoyens. Il voit la Nation, la vie sociale. L'humanité lui apparaît par agrégats ; il pense par masses. Le 24, il parle magnifiquement de Paris jalousé par les fédéralistes et demain insulté par Isnard : « N'accusons donc point Paris et au lieu de le diviser et de le rendre suspect à la République, rendons à cette ville, en amitié, les maux qu'elle a soufferts pour nous. » De nouveau il rappelle son programme, il regrette que l'Assemblée préfère le mot de canton, qui est une expression territoriale, au mot de commune, qu'il avait proposé, et qui exprime l'idée d'un groupement de citoyens.

Ces idées générales, condensées en formules, avaient séduit l'Assemblée. Au cours de cette journée étrange, complexe, du 30 mai, tandis que les Neuf délibèrent, tandis que des hommes à piques et bonnets rouges alarmés par le tocsin croisent dans les rues la procession du Saint-Sacrement qui traverse Paris avec

ses prêtres en dalmatique, ses cierges pâles, son dais
à panaches, Saint-Just est adjoint, avec Hérault-
Séchelles, Ramel, Couthon et Mathieu, au Comité de
Salut Public. Ces adjoints provisoires ont mission de
préparer un projet de constitution destiné à être
discuté au lieu et place de celui de Condorcet. L'encyclopédiste est battu, et mourra quelques mois plus
tard, dans une prison de Bourg-la-Reine, de la lutte
qu'il va entreprendre pour défendre son œuvre.

Ce fut pendant ces heures ténébreuses que Saint-
Just, se tenant résolûment à l'écart des événements,
aborda la préparation du plan réclamé. On a pu critiquer, certes, ce travail incomplet, qui laissait de
côté la question des rapports entre les organisations
créées, et qui, peut-être par suite du nombre des
collaborateurs, manquait un peu trop d'homogénéité,
mais qui indiquait quelques principes solides et préparait d'excellentes bases à des réalisations futures.
Le temps pressait. L'émeute qui grondait autour de
la Convention parut à plusieurs reprises l'emporter
sur les représentants légaux du peuple. Le 11 juin
Hérault-Séchelles put rapporter le projet. L'influence
de Saint-Just s'y faisait profondément sentir : un
certain nombre de maximes qui lui étaient particulières y figuraient dans leur verdeur originale, et les
idées qu'il avait soutenues dans ses récents discours
en animaient visiblement plusieurs articles. Enfin le
principe de la reconnaissance de l'Être suprême par
le peuple français émanait directement de lui. Ainsi
avait-il mis sa marque puissante sur le texte qui
demeurera le programme de la démocratie moderne,
et vigoureusement aidé à la mise au point de cette
constitution dont la suspension prochaine devait lui

permettre de devenir l'un des maîtres provisoires du pays, mais dont, revue, élargie, il espérera toujours l'intégrale application.

Pendant ces journées d'étude, l'action continuait. Les membres du Comité de Salut public, travaillant dans le pavillon de l'Egalité, pouvaient entendre, tout proche, le tocsin, comme le glas préventif de ce système qu'ils élaboraient. Les sections menaçaient chaque jour plus âprement la Convention, les représentants du Conseil Général se pressaient à la barre de l'Assemblée, noir cortège porteur des articles impératifs qui consacraient la défaite des Girondins. Par un crépuscule louche, l'on vit Marat, aigu et bilieux, escorté de sans-culottes, courir sous les arbres des Tuileries en réclamant un chef. Le fédéralisme vaincu, la dictature menacerait-elle ? Saint-Just ne bougea pas. Le 2 juin, alors que les députés tournoyaient, indécis et furieux, puis délibéraient face au canon d'Henriot, il se réserva. Et dans cet épisode final de la lutte entre les Girondins et la Montagne, le futur auteur du rapport du 8 juillet 93 n'apporta, au secours de son parti, que son bulletin de vote. Il voyait plus haut et plus loin.

VIII

Le printemps fleurissait Paris — un printemps délicieux et terrible. Dumouriez, empêtré dans ses tractations avec Meck, a trahi. La France se trouvait encore sous la menace d'une invasion, la Belgique perdue, la frontière ouverte ; vers l'Ouest, le tocsin sonnait aux paroisses, des bandes armées filtraient dans les bois, le cri mystérieux de la chouette guidait les paysans qui rôdaient, le chapelet sur la veste et le fusil au poing, et la Vendée soulevée refoulait vers Nantes les troupes républicaines. Mais des brises tièdes passaient sur les foules révolutionnaires, et, depuis longtemps, les marronniers avaient neigé autour de la grondante Salle des machines. Les condamnés, s'ils s'arrêtaient, une seconde d'épouvante, au haut de la roide échelle, en face des verdures (l'échafaud resta place de la Révolution jusqu'au 25 Prairial) devaient regretter plus désespérément la vie. Les mois qui vont venir seront sombres, l'hiver sera sanglant. Pour Saint-Just, cependant, il semble que cette fin de printemps soit l'heure de la vie complète, l'heure épanouie et forte, un grand jardin mystérieux qui s'ouvre sur la mort.

Au milieu de ce groupe d'hommes politiques et d'amis qui se réunissaient dans le salon du menuisier

Duplay, Saint-Just avait été frappé de la grâce jeune d'Henriette Le Bas. Elle-même ne restait pas insensible à la fierté, à la réputation du beau conventionnel. Une idylle, assez grave et très pure, se liait ainsi lentement sous l'œil des tyrannicides sensibles qui hantaient le logis de Robespierre. Saint-Just demeurait tout près, toujours installé rue Gaillon, à l'hôtel des Etats-Unis. Il voyait la jeune fille presque tous les jours ; ensemble ils écoutaient les romances italiennes ; ensemble ils rêvaient de justice.

Aubépine en fleurs à l'orée du chemin de sang ! Ce sentiment neuf l'animait, le jetait au travail ; sentiment neuf, car il semble bien que Saint-Just, après ses aventures sensuelles, se soit alors véritablement ému pour la première fois. Aussi voulait-il créer au plus vite ce monde de félicité sociale où il réaliserait son propre bonheur ; légiférer prenait pour lui un sens personnel. Son activité parlementaire ne lui suffisait plus ; rentré à l'hôtel, il jetait sur le papier ses pensées, ses songes, son idéal d'avenir, les groupant dans ce livre des *Institutions républicaines* qui, charmante ironie, sera plus tard, aux heures romantiques, édité par le bon Nodier, — par l'auteur des *Sept châteaux de Bohême.*

Livre curieux, significatif et embarrassant. Significatif par la substance intellectuelle, embarrassant par la facture, l'apparence. Voyage aux terres d'utopie que chaque homme a le droit de tenter une fois dans sa vie, à la condition qu'il s'en repente plus tard et n'en conserve que le souvenir d'un rêve généreux... Comme dans la trame solide et disparate de ses discours, il y a de tout dans ce livre : du Saint-Just, d'abord, un grand style imagé et sombre, des phrases qui passent comme des glaives, quelque chose d'inflexible et de pur qui marche dans le sang des coupables sans se souiller. Il y a du Platon et du Campanella. Il y a aussi le goût d'innocence native, la sensiblerie humanitaire et naïve des philosophes de la fin du règne de Louis XVI. Société doucereuse et fraternelle de demain ! Des bêlements inlassables se mêlent, en ces années, aux coups sourds de la guillotine. Mais comme ce mélange nous apparaît explicable ! A la Convention, Saint-Just parle, agit : il se donne tout entier au présent, à ce présent difficile qui exige d'implacables décrets. Assis à sa table, le soir, tout ému encore d'un tendre serrement de main d'Henriette, il prend l'écritoire. Dans sa mémoire flottent les ardentes musiques de Buonarrotti. Il revoit des yeux charmants, une bouche fraîche, des boucles sur une tempe... Saint-Just rêve.

Il rêve. Il rêve d'une société républicaine où les vertus fortes de Sparte se mêleraient aux enchantements spirituels d'Athènes. Le cœur attendri de proches fiançailles, il pose comme fondement de cette société le couple humain, le couple type qui unit un homme robuste à une femme belle et fière, pour engendrer des enfants sains. Mais il nie, il maudit, il brise la contrainte antérieure, la chaîne forgée lentement par les lois de la tyrannie : il autorise le divorce ; mieux encore, il lui donne sa place obligatoire dans cette constitution idéale, il le transforme en source de force sociale : si, au bout de sept années, le mariage est demeuré stérile, le divorce sera prononcé d'office. Tout l'effort social doit tendre à la création et à la sauvegarde de la postérité, s'identifier avec la grandeur future de la Patrie.

Car le mariage est institué en vue de la procréation, n'existe officiellement que sur ce plan pratique. Certes, l'amour de l'homme et de la femme constitue le mariage, mais ce mariage peut demeurer secret s'il est stérile. Sa consécration juridique n'est envisagée qu'en raison de l'enfant. Ce qui est important, ce qui est légal, c'est la fécondité. La loi n'entre pas dans la vie privée — du moins ici — ; elle ne voit dans l'homme que le père, et non l'amant. Une grossesse survenant peut seule obliger les époux à déclarer aux magistrats leur union.

Seulement l'enfant, but du mariage, et dont la naissance consacre pour la cité cette union de l'homme et de la femme, n'appartient pas à ses parents. S'il s'agit d'une fille, elle demeurera dans sa famille, surveillée de près, toutefois, et dès dix ans, ne pourra sortir seule ; mais s'il s'agit d'un fils, l'enfant passera, dès sa cinquième année, sous l'immédiate tutelle de l'Etat. Les garçons seront ainsi élevés dans des écoles gouvernementales (formées à raison d'une par section, d'une par canton), à la campagne, et pénétrés de l'amour du silence et du mépris des rhéteurs. De cinq à dix ans, ils apprendront à lire, à écrire, à nager. Hiver comme été, ils seront vêtus de toile, coucheront sur des nattes, ne dormiront que huit heures et ne mangeront pas de viande. Ils seront éduqués par des instituteurs ayant dépassé la soixantaine, honorés de l'écharpe de la vieillesse. En somme, ils commenceront la vie par le bagne. Plus tard, ils recevront un enseignement militaire et agricole. Caserne et fermes. A seize ans, ils choisiront l'apprentissage du métier auquel ils veulent s'adonner, et seront dirigés, selon leurs préférences, vers les champs, sur les navires,

dans les manufactures. De vingt à vingt-cinq ans,
ils serviront dans la magistrature ou dans l'armée.
Saint-Just a décidément oublié les longs ennuis de
Saint-Nicolas et la douceur tiède du logis de la rue
des Chouettes : astreint au régime qu'il instaure,
qu'aurait-il fait ?

Ces jeunes encasernés formeront, à soixante, une
compagnie, et, par six compagnies, un bataillon.
Jusqu'à seize ans, ils auront un uniforme ; de seize à
vingt et un, ils porteront un costume d'ouvrier, et de
vingt à vingt-cinq, une tunique de soldat, à moins
qu'ils ne soient magistrats. Il est à croire qu'il pourront, ce quart de siècle dépassé, jouir de quelque
liberté sur le chapitre des habits, et s'adonner à une
coquetterie dont Saint-Just lui-même leur eût si
bien donné l'exemple. Mais s'ils veulent prendre le
costume des arts, dont la description n'a malheureusement pas été esquissée par l'auteur, ils devront
avoir traversé un fleuve à la nage, en présence du
peuple, le jour de la fête de la jeunesse, sans qu'il soit
possible de discerner quel lien unit ce désir artistique,
cet espoir vestimentaire, et cette prouesse natatoire.

Ainsi élevés, Saint-Just estime qu'ils devront avoir
l'âme sensible, choisir heureusement des amis, respecter
les vieillards, honorer l'Eternel. Il est à croire surtout
qu'ils seront depuis longtemps devenus anarchistes.
Mais Saint-Just ne se contente pas de préconiser ces
honorables sentiments, il les réglemente, et cette
réglementation ne laisse pas que de plonger le lecteur
dans une certaine perplexité. Géométrie du cœur,
comptabilité des élans ! A vingt et un ans, le jeune
homme est tenu de déclarer dans le temple quels sont
ses amis. Tous les ans, en ventôse, — mais pourquoi

ce mois des souffles qui emportent, balayent, disper-
sent ? — il doit renouveler sa déclaration et, s'il a
délaissé des amis, fournir au peuple assemblé, que
ces nuances sentimentales doivent d'ailleurs laisser
parfaitement froid, et sur la demande du plus ancien
de l'assistance, des explications détaillées. S'il refuse
ces explications, il est banni. Mais ceux qui sont
restés unis toute leur vie sont renfermés dans le même
tombeau et les amis portent le deuil l'un de l'autre.
Celui qui déclare ne pas croire à l'amitié, ou qui n'a
pas d'amis, est banni. Les amis d'un criminel subissent
le même sort que le coupable, ce qui rappelle, atténué,
le texte de l'horrible loi romaine qui condamnait au
supplice tous les esclaves de la maison où l'un d'eux
avait tué le maître.

Le peuple, formé par cette éducation, mène une
vie saine et rude, sous l'égide de l'Être suprême dont
il inscrit le nom en tête des lois, et que chaque citoyen
adore sous la forme et selon le rite qui lui convient.
Tout culte en effet est libre et protégé, mais il existe
au-dessus des pompes privées un culte officiel. L'encens
fume jour et nuit dans les temples d'État, entretenu
tour à tour pendant vingt-quatre heures par quelques-
uns de ces vieillards âgés de plus de soixante ans que
Saint-Just attelle à toute tâche, sans pitié pour leurs
rhumatismes éventuels, et qui sont les figurants
vénérables, le chœur blanchi, de toutes les cérémonies.
Dans ces temples universels, le peuple se groupe tout
entier dans l'adoration de Dieu, dégagé de toute figure
rituelle, et dans la célébration d'une vertu, sainteté
abstraite. Tantôt il s'agit de l'Amour et des Epoux,
tantôt de l'Adoption, tantôt de la Jeunesse, du Bonheur, de la Vieillesse, de la Sagesse, des Amis. En

dehors de ces fêtes religieuses, des réjouissances purement civiles se déroulent. Des prix de poésie et d'éloquence sont décernés — le prix de poésie à une épopée, le prix d'éloquence au laconisme, ce qui dénote une compréhension parfaite des contraires, mais rappelle que Saint-Just écrivit *Organt* et excellait aux brèves formules. Enfin, tous les dix jours, l'ancien de la Commune paraîtra dans l'enceinte sacrée et y exposera son opinion sur la conduite des fonctionnaires. qui seront toujours les bêtes noires de Saint-Just. Cette harangue administrative constituera, du moins peut-on le supposer, la fête de la Critique.

Ainsi, dans les jeux, les fêtes, le travail, le citoyen vieillira heureux : du moins l'auteur des *Institutions républicaines* ne peut douter du bonheur des êtres qui vivront sous ces lois. Lorsque ce citoyen aura atteint la fameuse soixantaine, il aura droit, s'il vécut sans reproches, au port d'une écharpe blanche, ce qui sera bien désobligeant pour les gens coquets qui ont horreur d'avouer leur âge, mais qui tiennent cependant à affirmer leur honorabilité. Pour obtenir cet enviable privilège, le postulant devra, le jour de la fête de la Vieillesse, se présenter dans le Temple au jugement de ses concitoyens et, sur le silence de l'Assemblée, il recevra cet honneur crépusculaire.

Il ne lui restera plus qu'à attendre la fin de ses jours. Tout aura été concorde et joie dans la Vie. Tout doit être sérénité devant la Mort. La vieillesse est honorée et les morts sont sacrés. Ses amis répandront des fleurs sur sa tombe. Les cimetières seront riants, paysages évocateurs de repos, sous le ciel évocateur d'éternité.

Des prescriptions curieuses émaillent ce programme

d'existence. C'est ainsi que le premier Floréal de chaque année les électeurs de chaque commune, naturellement réunis dans le Temple, désigneront un jeune homme riche, vertueux, et sans difformité, âgé de vingt et un à trente ans, qui choisira pour épouse une vierge pauvre, en mémoire de l'égalité humaine... O souvenir de Rousseau, parc d'Ermenonville aux rochers gravés de maximes, aux pavillons philosophiques, trémolos sociaux de Buonarrotti au clavecin des Duplay, tandis que Robespierre médite, le front dans la main, sous la lampe ! Sans doute — et cependant ! Dépouillé de l'insupportable rhétorique du temps, cet ouvrage inachevé ne jette-t-il pas un jour profond sur le caractère, sur l'âme de Saint-Just ? Ailleurs aussi il a parlé de son désir de repos studieux dans un paysage d'idylle. En ce printemps de 1793, alors qu'allaient tomber les têtes des Girondins, il songeait à la fin de la Révolution, au retour à un bonheur calme gagné par ce flot de sang. Dans les projets qu'il formait avec Henriette Le Bas, le futur auteur des rapports meurtriers voyait la maison paisible sous les arbres de l'Ile de France, le perron haut dans les fleurs, une jeune femme en robe claire... Pourquoi dénier à ces pages la sincérité ? De quel droit les suspecter de cabotinage ?

D'autre part, il fallait que l'auteur de certains passages de ce livre fût très jeune pour les écrire, et le lecteur éprouve à maintes reprises, surtout devant l'expression des sentiments de l'amour et de l'amitié, une irrésistible ironie. Les gouailleurs, au reste, n'ont pas manqué et n'avons-nous pas souri nous-mêmes, tout à l'heure ? Et pourtant !... Car enfin si dans *Organt* il y a largement de la faute à Voltaire, si dans

certains discours de Saint-Just, il y a bien un peu
de la faute à Rousseau, ne verrons-nous ici nulle
responsabilité de Platon et de Fénelon ? Si nous
relisons *la République*, ne sourcillerons-nous pas
devant l'éducation des jeunes gens par la musique
simple qui fait naître la tempérance, et devant la
règlementation étonnante des rapports conjugaux,
sévèrement établis entre hommes et femmes de l'élite
physique mais raréfiés entre les malingres, et limités
pour tous à une période de pleine vigueur au point
que tout citoyen qui engendrera un enfant avant ou
après l'âge requis sera déclaré sacrilège ? Pourtant
la République avait pour but d'organiser le peuple le
plus spirituel du globe. Et si nous relisons *Télémaque*,
trouverons-nous la cité de Fénelon moins ridicule
que la société imaginée par Saint-Just ? La gamme
du vestiaire des habitants de Salente n'offre pas
moins de drôlerie que l'uniforme teinte de l'écharpe
des vieillards. Pourtant le *Télémaque* était l'étrange
bréviaire social du Dauphin. Avouons que toutes ces
rêveries ne valent que par leur style, et que nous nous
enchantons à des songes dont la réalisation nous
plongerait dans une stupeur indignée. Et même en
ce dernier cas, si nous devions habiter, par malheur,
une des cités sans fantaisie créées par l'imagination
de ces immortels fantaisistes, laquelle préférerions-
nous, sincèrement, des communautés décrites par
Platon, par Fénelon, par le délicieux Campanella,
ou par Saint-Just ? En toute franchise, ne serait-ce
pas cette dernière ? En somme les vieillards devaient
pouvoir sortir sans écharpe : d'ailleurs la vieillesse se
trouve retardée de nos jours bien au-delà de la soixantaine ; l'on gardait tout de même quelque chance de

ne pas être désigné par le sort pour épouser la jeune fille pauvre et vertueuse, en mémoire de l'égalité humaine : du temps qu'existait le tirage au sort, toutes les recrues ne partaient pas dans la marine. Il y avait bien pour ces malheureux fonctionnaires l'ennui d'être chapitré tous les décadis par un macrobite, mais sans doute n'était-il pas défendu de somnoler pendant le sermon. Peut-être la vie aurait-elle été, en somme, supportable.

De ces pages se dégage l'impression d'une âme volontiers rêveuse, baignée d'amour pour une nature fraîche et sombre, aux sévérités calmes ; d'une intelligence un peu géométrique, pénétrée de religiosité, et qui a le goût de l'éternel ; d'une imagination encore influencée littérairement, mais tournée vers les larges constructions politiques. Plus que dans ses discours peut-être, Saint-Just est là tout entier. Ses harangues ne visent que les nécessités d'un moment, mais son livre reflète toute une conception de l'existence. Sans doute, plus tard, mûri par l'expérience et dépouillé des illusions coercitives, ayant appris quelle facilité, quelle souplesse doit avoir la vie, serait-il revenu à de plus fines nuances sociales. Mais il passe, jusque dans les brutalités de ce projet, le souffle d'une grande espérance.

En sortant de la Convention pour se rendre à l'hôtel des Etats-Unis ou chez Duplay, Saint-Just devait rouler en sa tête les maximes chaudes et rudes de ce livre. Il devait évoquer cette société idéale dans laquelle il eût désiré vivre avec Henriette, et dont il rêvait de jeter les bases. Alors peut-être se souvenait-il du divin Platon, son maître ès-songeries sociales, et se redisait-il la longue et mystérieuse phrase qui termine le dialogue de la République. Ce mythe mon cher Glaucon, a été préservé de l'oubli, et il peut nous préserver nous-même de notre perte si nous y ajoutons foi ; nous passerons heureusement le fleuve Léthé et nous maintiendrons notre âme pure de toute souillure. Et si c'est à moi, mes amis, qu'il vous plaît d'ajouter foi, persuadés que l'âme est immortelle et qu'elle est capable par sa nature de tous les biens comme de tous les maux, nous marcherons sans cesse par la route qui conduit en haut, et nous nous attacherons de toutes nos forces à la pratique de la justice et de la sagesse, afin que nous soyons en paix avec nous-mêmes et avec les dieux, et que, durant cette vie terrestre, et quand nous aurons remporté le prix destiné à la vertu, comme des athlètes victorieux qu'on mène en triomphe, nous soyons heureux ici-bas et dans ce voyage de mille années que nous venons de raconter. »

La Vertu... le Léthé... le voyage de mille années... Par ces soirs d'un inoubliable printemps, il se souvenait peut-être de ces mots harmonieux. Il aimait à remonter les Champs-Elysées à pousser vers les jardins Marbeuf. Des amoureux erraient sous les arbres. Parfois, sur un banc, Robespierre grave et poudré regardait les petits Savoyards faire danser en son honneur leurs marmottes velues comme des houppes de suie. L'air était vif de verdeur sous un ciel diapré. Sur la place de la Révolution luisait un triangle ; les amateurs d'échafaud buvaient au restaurant de la Guillotine, près du pont ; et les mégères chantaient le *Ça ira*.

Ce mois de Juin est tout marqué d'images violentes,
scènes d'émeute, séances tragiques, ondoiement noir
du peuple dans les rues. La Commune fait pression
sur l'Assemblée pour obtenir la mise en accusation
des Girondins ; le 2, le Comité de Salut public arrête
un projet de décret demandant aux députés accusés
« de déposer dans le sein de la Convention l'exercice
de leur pouvoir », et le même jour l'Assemblée épouvantée va au-delà, décrète l'arrestation, à leur domicile, de vingt et un de ses membres : Vergniaud, Gen-
sonné, Guadet, Petion, Barbaroux, Lanjuinais et
Louvet sont sur la liste. Victoire de l'unité. Mais
aussitôt la province se soulève, soixante-dix départements s'insurgent contre la Convention. Le fédéralisme sort de la légalité, va jouer de sa force contre
la loi.

Saint-Just n'avait pris aucune part aux débats
contradictoires et furieux qui précédèrent le vote
de l'Assemblée. Il se désolait de ce déchirement
sinistre, de ces premières proscriptions, et de voir
le salut de la Patrie compromis par la guerre civile.
Prompt à payer de sa personne, il offrit de se
rendre à Caen, en pleine révolte normande, pour
s'efforcer d'y apaiser la sédition. Ses collègues refu-

sèrent d'autoriser son départ. Ils jugeaient, en effet, inutile que l'un des plus énergiques d'entre eux allât se faire arrêter par les factieux comme venaient de l'être les conventionnels Romme et Prieur (de la Côte d'Or) en mission dans l'Ouest. Ils estimaient que sa tâche demeurait marquée à Paris. Et le 16, le Comité décida de le charger, ainsi que Cambon, d'un rapport sur les députés mis en état d'arrestation, rapport qui devait être communiqué à ses membres le mercredi suivant, et déposé le lendemain sur le bureau de la Convention.

Saint-Just se mit au travail avec toute son énergie et ce sens net de sa responsabilité dont il ne devait jamais se départir. Pour la première fois il rédigeait un rapport pouvant entraîner la mort des accusés, et de quels accusés s'agissait-il ! Mais ce procès politique où il allait faire figure d'accusateur public lui paraissait légitime et nécessaire. Légitime, parce qu'en le soutenant il défendait une fois de plus sa thèse de l'unité de la République et qu'en le gagnant il portait au fédéralisme déchaîné un coup définitif. Nécessaire parce que plusieurs de ces hommes dont il allait demander la condamnation, sortant de la politique pure, fomentaient la guerre civile, appelaient aux armes les paysans de l'Ouest, passaient de l'argumentation à la Jacquerie, alors que toutes les forces de ce pays devaient se tendre désespérément vers le Nord et vers l'Est, vers les frontières déchiquetées. Accusateur ? Non : défenseur de la République et de la Patrie. Aussi décida-t-il de réunir toutes les preuves, de les grouper, foudroyantes, dans un dossier formidable.

Il ne garda pas la mesure nécessaire. Il aurait pu

se contenter de tracer un tableau de l'activité politique des Girondins en face du tableau des dangers
que courait le pays sous la menace des émigrés, et de
dénoncer l'influence de celle-là sur ceux-ci, ou encore,
si illusoire fût-elle, la collusion des modérés et des
factieux. Son rapport, ramené à de moins vastes
proportions, y eût gagné non seulement en justice,
mais en netteté. Seulement il voulut frapper les imaginations. Il ramassa les libelles poisseux de Camille
Desmoulins, toutes les calomnies jacobines qui traî-
naient dans les couloirs de la Convention ; et, voulant
être trop complet, il ne distingua pas le vrai du faux,
accepta toute vérité et tout mensonge.

Tout de même, si injuste qu'il fût dans le dévelop-
pement de son argumentation, ce rapport paraissait
sans haine dans ses conclusions. Saint-Just, avec une
très lucide connaissance de la situation et un sens
politique fort avisé, distinguait parmi les Girondins
trois groupes inégalement coupables : celui des députés qui, s'étant sauvés en province, y soulèvent le
peuple, et qui doivent être déclarés traîtres à la
patrie ; celui des députés qui sont demeurés à Paris,
prisonniers à leur domicile, — Guadet entr'autres, et
Vergniaud — et qui, accusés de complicité avec les
rebelles, doivent être déférés immédiatement au Tribunal Révolutionnaire ; enfin, le dernier, celui des
députés qui ont été séduits par des doctrines défen-
dables, entraînés par des collègues du parti, et qui,
bénéficiant du doute, pourront reprendre leur place
dans l'Assemblée. Ce rapport se réduisait donc à
demander le renvoi devant un tribunal de factieux
ouvertement en révolte contre le Gouvernement au
moment où l'ennemi envahissait la France. Non, ce ne

sont pas tant ces pages qui ont jeté les Girondins sous
le couperet, que les excitations quotidiennes, les sinistres persiflages de Camille Desmoulins, qui devait
s'évanouir plus tard en entendant prononcer un arrêt
de mort dont il se sentait trop responsable ; non, vraiment, pas tant ces pages que, tout proche maintenant,
le meurtre de Marat par Charlotte Corday venue de
Caen, sortie, pure et terrible, de la capitale même des
révoltes girondines de l'Ouest. Et l'heure venue du
procès, ce sera Osselin qui fera voter la procédure
expéditive, et précipiter le verdict de mort.

Les faits pouvaient être patents, le travail nécessaire à la rédaction définitive du rapport n'en était
pas moins énorme. Le 25 juin, la Convention, arguant
des décisions du Comité de Salut-Public, et sur l'intervention de Robespierre, inscrivit le rapport à son
ordre du jour du lendemain. Mais Jean Bon-Saint-
André demanda un délai nécessaire : « Le rapporteur
qui travaille jour et nuit, expliqua-t-il, vous présentera un rapport digne de vous. » Saint-Just eut beau
veiller, redoubler de zèle, ce ne fut que le lundi 8 juillet
qu'il se trouva prêt.

« La conjuration dont je viens vous entretenir, dit-il,
est enfin démasquée. Je n'ai point à arracher par la
force du discours, la vérité sanglante de leur cœur
je n'ai qu'un récit simple à vous faire... »

Et, longuement, minutieusement, il énuméra les
griefs imputables aux Girondins, rappela leur procédé
sournois consistant à provoquer des discussions sans
fin pour retarder l'apparition des lois et fausser la
machine parlementaire : il affirma leur entente —
prétendue — avec Dillon dans le but de porter au
trône le Dauphin, évoqua leur attitude lors du Sep-

tembre meurtrier ; il brossa, en hautes couleurs,
tableau des périls qui, par leur volonté ou sans leur
participation, menaçait la République. Tout ce discours tremble de flammes reverbérées. Des régions
entières de la France sont fumantes d'émeutes ou de
canonnades : guerre civile au dedans, guerre étrangère
aux frontières. Mais qu'importe si la Convention est
animée de la sainte audace qui sauve les peuples aux
heures désespérées. Certes, il y aura lieu d'établir des
distinctions, de ne pas se montrer inflexible. « La
liberté ne sera point terrible envers ceux qu'elle a
désarmés et qui se sont soumis aux lois. Proscrivez ceux
qui ont fui pour prendre les armes : leur fuite atteste
le peu de rigueur de leur détention ; proscrivez-les
non sur ce qu'ils ont dit, mais pour ce qu'ils ont fait ;
jugez les autres et pardonnez au plus grand nombre ;
l'erreur ne doit pas être confondue avec le crime, et
vous n'aurez pas à être sévères... » Nobles paroles
et qui montrent combien Saint-Just était loin d'être
le monomane de la guillotine que dépeignit l'histoire
courtisane. Il parle contre des émeutiers, et ne réclame
pas la mort. Ce qu'il veut, c'est un exemple de l'énergie de la Convention : « Vous devez vaincre. Les pré-
cautions ont été prises pour arrêter le crime... Pro-
noncez-vous maintenant. »

Des applaudissements ardents accueillirent son
discours, l'enveloppèrent d'une violence d'approbation.
Le 28 la Convention adoptait les conclusions de ce
rapport.

Cette nouvelle et considérable intervention ajouta
encore à son influence. Cependant le Comité de Salut
public était accusé de modérantisme. Les clubs se
prononçaient contre Danton, contre son système d

conciliation subtile. Le 10, l'Assemblée, influencée sans doute par la récrimination des Jacobins et les attaques à flèches aiguës et rires amers de Camille Desmoulins, élut un nouveau Comité de Salut public où l'ancien Ministre de la Justice ne figurait pas. Cette fois, Saint-Just y entrait, avec Jean-Bon-Saint-André, Barère, Gasparin, Couthon, Thériot, Prieur (de la Marne), Hérault-Séchelles et Robert Lindet. Le 27 juillet, Gasparin démissionnait, et Robespierre le remplaçait. C'était pour Saint-Just le triomphe. Il apparaissait de plus en plus comme l'un des plus hauts espoirs de la Révolution, et dans tout le pays des admirateurs attentifs suivaient son ascension politique. Dans tout le pays... Mais là-bas, en Laonnois, un cœur de femme battait douloureusement. Mme Thorin avait subi son mariage, elle ne l'avait pas accepté. Elle avait cru, peut-être, pouvoir oublier. Maintenant l'amant de sa première jeunesse lui apparaissait nimbé de gloire. Ce conventionnel déjà célèbre, dont les gazettes jacobines multipliaient la louange, cet homme qui siégeait parmi les puissants de l'heure, c'était son jeune amant, celui qui, le premier, lui parla d'amour, le soir, près de la noire charmille, celui auquel jamais elle n'avait cessé d'appartenir, la chair de sa chair. Par ces pourpres soirs de Juillet brûlant au ras des noires forêts de Saint-Gobain, elle s'enfonçait dans des rêveries désespérées. et résistait de plus en plus faiblement au sourd appel qui grandissait en elle. Enfin, elle n'y put tenir : réputation, avenir, famille, rien n'y fit. Le 25 juillet, sept ans jour pour jour après son mariage, elle arrivait à Paris et descendait rue Saint-Honoré à l'hôtel des Tuileries, proche du Club des Jacobins.

Que se passa-t-il alors ? Il est à peu près impossible de le savoir. Saint-Just la reçut-il, et, songeant depuis quelques mois à son mariage avec Henriette Le Bas, eut-il avec son ancienne maîtresse une explication décisive ? L'éconduisit-il purement et simplement ? Refusa-t-il de la recevoir ? Nous n'avons pour documents que deux lettres qui n'éclairent pas tout à fait l'énigme, l'une de Thuillier, l'autre de Saint-Just. La fuite de Mme Thorin, la femme du receveur délaissant la maison conjugale, avait provoqué dans le pays de Guise une grosse émotion. Thuillier, un des compatriotes de Saint-Just, fonctionnaire aux approvisionnements, lui écrivit de Chauny, le 2 septembre : « J'ai « eu des nouvelles de la femme Thorin, et tu passes « toujours pour l'avoir enlevée... Il est instant, pour « effacer de l'opinion publique la calomnie que l'on « a fait imprimer dans le cœur des honnêtes gens, de « faire tout ce qu'il convient pour conserver l'estime « et l'honneur que tu avais avant cet enlèvement. « Tu ne te fais pas d'idée de tout ceci. Mais il mérite « ton attention. Adieu, mon ami, la poste me presse. « Fais pour l'ami ce que tu lui as promis. » Saint-Just répondit qu'il n'était pour rien dans le départ de Mme Thorin pour Paris. Certains historiens ont cru voir dans la dernière phrase de la lettre de Thuillier la preuve que Saint-Just aurait promis à celui-ci de se séparer de sa maîtresse. Mais, dans sa réponse, Saint-Just propose à son ami un poste administratif intéressant, et cette offre semble bien se rapporter à la phrase en question, qui dès lors constituerait simplement un rappel de la confiance de son auteur dans la protection efficace du Conventionnel. En tout cas, dès septembre, Mme Thorin était revenue à

Blérancourt. M. Thorin, qui la plaignait, eût, dit-on,
pardonné. Elle refusa toute conciliation. Le 8 octobre,
le maire l'interrogea au sujet du divorce devenu inévitable. Très digne, elle accepta toutes les responsabilités
d'une faute qu'elle ne renia jamais, et plus tard,
divorcée, elle vécut à l'écart dans un silence blessé,
amoureuse d'une ombre sanglante. Les habitants de
Blérancourt la voyaient passer, austère, porteuse
d'un deuil volontaire. Elle devait mourir, le 16 janvier 1806, jeune encore, et fidèle au passé.

Au Comité de Salut public, Saint-Just s'était consa-
cré d'abord à peu près exclusivement aux travaux de
législation constitutionnelle. Le 18 juillet, il avait
été chargé d'une première mission dont il ne reste
d'autre trace dans les archives que la décision du
Comité : « Le Comité de Salut public de la Convention
Nationale charge Saint-Just, l'un de ses membres,
de se rendre rapidement dans les départements de
l'Aisne, de l'Oise, de la Somme, pour y remplir un
objet d'intérêt public. » Ce fut peut-être pendant ce
voyage qu'au relai d'Etoges, tandis que sonnaient les
clochettes des chevaux de poste, il fit la connaissance
de ce berger révolutionnaire dont la silhouette curieuse,
en houppelande brune, reparaît sur sa route proconsu-
laire à chaque excursion dans l'Est. Etienne Lambert,
vieux pâtre de la révolte, avait été élu maire d'Etoges
au scandale de toute la région ; farouche, obstiné, il
avait eu raison des protestations juridiques de ses
adversaires et s'était mis à l'étude de l'alphabet pour
pouvoir lire et signer les pièces officielles. Il poussait
devant lui, de hameaux en hameaux, ses moutons
et ses haines. « Fanatisé par un regard de Saint-Just »,
a dit Lenôtre dans son étude sur la vie pittoresque

de ce barbare romantique qui devait surgir un jour devant les membres du Comité de Salut public comme un paysan du Danube. Quand il n'errait pas sur les routes ou dans les pâturages, il s'asseyait devant l'auberge du relai pour connaître, par les voyageurs, les plus récents événements politiques. Que ce soit d'ailleurs à ce voyage, que ce soit, selon Lenôtre, au cours du second départ de Saint-Just pour Strasbourg qu'eut lieu leur rencontre, le vieillard démocrate fut conquis à jamais par le jeune représentant du peuple, Caliban laineux d'un impassible Ariel.

Au cours de l'été, le Comité se transforma ; le 14 août Carnot et Prieur de la Marne, le 6 septembre Billaud-Varenne et Collot d'Herbois vinrent le compléter. Tous travaillaient fiévreusement dans toutes les directions de l'esprit. En quelques semaines le Comité proposa l'instruction à trois degrés, l'organisation du Télégraphe, l'ouverture du musée du Louvre, la rédaction du Code civil, la création du grand Livre de la dette publique. Une telle activité coïncidait avec de tragiques soucis. Il s'agissait encore une fois de sauver la Révolution du travail. Par quels moyens ? Saint-Just avait déjà sa maxime d'airain qu'il ne formulera que plus tard : « Ce qui constitue la République, c'est la destruction de ce qui lui est opposé. »

Une seule ressource s'offrait en ce cas extrême : suspendre la constitution. Ce fut Saint-Just, dont le rapport sur les Girondins avait fait sensation, que le Comité de Salut public chargea de défendre l'institution d'un gouvernement révolutionnaire, auquel incomberait la direction des affaires jusqu'au rétablissement de la paix. Une telle attitude impliquait bn débat de conscience. Saint-Just avait, dans son premier discours, imputé au défaut de gouvernement régulier les difficultés économiques et politiques ; il se trouvait avoir été l'un des principaux rédacteurs de la Constitution, celui qui la marqua du sceau violent et idéaliste de son génie ; et voici qu'il devait réclamer de l'Assemblée non seulement la mise à l'écart de cette même constitution, mais encore l'attribution de tous les pouvoirs au Comité dont il faisait lui-même partie. Il n'hésita pas. Sa grande force fut toujours de savoir ce qu'il voulait, et de le vouloir jusqu'au bout. Il vit nettement que le salut de la patrie résidait dans l'exercice de la force par les représentants du peuple, et, par là, il eut conscience de ne pas dévier de sa ligne de conduite. La théorie du salut public n'était-elle pas éparse dans ses plus célèbres interventions ? L'unité de doctrine ne s'obtient qu'en mâtant les hérétiques.

La scène de son apparition à la tribune, le 19 Vendémiaire, est pathétique pour nous, car nous savons qu'il venait réclamer le régime qui devait sauver la France et le conduire lui-même à l'échafaud. Cette heure est celle de sa vie : son bref avenir est conditionné par les paroles qu'il prononce. Ce jour-là, sans le savoir, il apportait à la patrie sa tête poudrée et fière. Sans le savoir ? S'il l'avait su, s'il avait vu se profiler l'ombre de la guillotine aux murs de la salle, eût-il reculé ? Mais pouvait-il prévoir cette récompense, alors que l'Assemblée, toute frémissante de voir ramassées en phrases ardentes les terreurs qui planaient aux frontières, qui planaient à l'Ouest, qui planaient à Toulon, qui encerclaient Paris et la République, acclamait celui qui venait lui proposer, comme moyen suprême de salut, le gouvernement même de la Terreur ? Alors que plus de deux mille auditeurs, faces pâles ou sombres tendues dans les tribunes brûlantes, approuvaient ? Tous, brisés d'émotion, l'écoutaient... « Dans les circonstances où se trouve la République, la Constitution ne peut être établie, ou s'immolerait par elle-même. Elle deviendrait la garantie des attentats contre la liberté, parce qu'elle manquerait de la violence nécessaire pour la repousser... Il est impossible que les lois révolutionnaires soient exécutées si le Gouvernement lui-même n'est constitué révolutionnairement. » La violence... le Gouvernement révolutionnaire... Sa mystique le soutient et l'emporte. Il ose demander à l'Assemblée ce dessaisissement des pouvoirs, parce qu'il a foi dans la conscience politique de ceux qui en seront les bénéficiaires. Il ose placer le Salut public au-dessus de la légalité : lui qui, dans son livre, trace à ce moment même le modèle d'une stricte constitution, il annule dans la réalité — et pour combien de temps ? — celle dont il vient de doter son pays. Partisan de la justice, il en appelle à des lois d'exception. Et c'est avec une haute sérénité que pour conclure il proposa l'adoption d'une série d'articles qu'il faut reproduire, parce qu'ils forment le code de ce régime dont Saint-Just porte, avec ses autres collègues du Comité de Salut public, la lourde responsabilité.

Du Gouvernement

Article premier. — Le Gouvernement provisoire de la France est révolutionnaire jusqu'à la paix.

Art. 2. — Le Conseil exécutif provisoire, les Ministres,

les généraux, les corps constitués, sont placés sous la surveillance du Comité du Salut public qui en rendra compte tous les huit jours à la Convention.

ART. 3. — Toute mesure de sûreté doit être prise par le Conseil exécutif provisoire, sur l'autorisation du Comité, qui en rendra compte à la Convention.

ART. 4. — Les lois révolutionnaires doivent être exécutées rapidement. Le Gouvernement correspondra immédiatement avec les districts dans les mesures de salut public.

ART. 5. — Les généraux en chef sont nommés par la Convention Nationale, sur la présentation du Comité de Salut public.

ART. 6. — L'inertie du Gouvernement étant la cause des revers, les délais pour l'exécution des lois seront fixés. La violation des délais sera punie comme un attentat à la liberté.

SUBSISTANCES

ART. 7. — Le tableau des productions en grains de chaque district fait par le Comité de Salut public sera imprimé et distribué à tous les membres de la Convention pour être mis en action sans délai.

ART. 8. — Le nécessaire de chaque Département sera évalué par approximation et garanti. Le superflu sera soumis aux réquisitions.

ART. 9. — Le tableau des productions de la République sera adressé aux représentants du peuple, aux Ministres de la Marine et de l'Intérieur, aux Administrateurs des subsistances. Il devront requérir dans les arrondissements qui leur auront été assignés. Paris aura un arrondissement particulier.

Art. 10. — Les réquisitions pour le compte des départements stériles seront autorisées et réglées par le Conseil exécutif provisoire.

Art. 11. — Paris sera approvisionné au 1er mars pour une année.

Sureté générale

Art. 12. — La direction et l'emploi de l'armée révolutionnaire seront incessamment réglés de manière à comprimer les contre-révolutionnaires. Le Comité de Salut public en présentera le plan.

Art. 13. — Le Conseil enverra garnison dans les villes où il se sera élevé des manœuvres contre-révolutionnaires. Les garnisons seront payées et entretenues par les riches de ces villes jusqu'à la paix.

Finances

Art. 14. — Il sera créé un Tribunal et un juré de comptabilité. Ce tribunal et ce juré seront nommés par la Convention Nationale. Il sera chargé de poursuivre tous ceux qui ont manié les deniers publics depuis la Révolution et de leur demander compte de leur fortune. L'organisation de ce tribunal est renvoyé au Comité de législation.

L'Assemblée subjuguée, abdiqua sans même une esquisse d'opposition.

Fièvre de travail. Douceur d'accordailles. Pendant ce tragique été, Saint-Just, tout en participant à l'accablant labeur du Comité, continua ses assiduités auprès de Mlle Le Bas. Les projets de mariage paraissent s'être alors précisés, et les deux familles semblent bien s'être mises d'accord. Mais les fiancés estimaient préférable d'attendre, pour fonder un foyer, là fin des troubles politiques.

Il ne reprit la parole à la Convention qu'en Octobre, cette fois sur une question secondaire, et pour s'opposer à l'extension d'une loi qui régissait les Anglais résidant en France, comme ressortissants d'une puissance violemment hostile à ce pays. Le conventionnel Pons demandait que la loi fût abrogée, ou étendue à tous les étrangers. La Convention renvoya pour étude, au Comité de Salut Public, le texte du nouveau projet. Le 25 Vendémiaire, Saint-Just rapporta l'affaire devant l'Assemblée, et conclut au maintien du statu quo. Cette loi était excellente, estimait-il, appliquée à un peuple violateur du droit des gens, mais son extension aux autres peuples constituerait une mesure impolitique. Puis, dénonçant avec son âpreté habituelle les agissements de Pitt, il s'écria : « Au lieu de vous porter à la faiblesse, faites jurer à vos enfants une haine immortelle à cette autre Carthage. » Enfin il conclut en demandant que les dispositions de la loi ne fussent appliquées qu'aux étrangers suspects, exception faite pour les femmes étrangères qui auraient épousé des citoyens français. Sans doute eût-il mieux servi sa cause en s'arrêtant sur l'apostrophe à la Carthage moderne. Mais dans une autre salle s'était poursuivi la veille, et jusque dans la nuit, l'ignoble procès de Marie-Antoinette. Que n'évoquat-il, dans son imagination, la pauvre femme vieillie, les cheveux en torsades blanches s'échappant du bonnet, telle que le matin même, David l'avait vue, d'une fenêtre, menée à l'échafaud, mais fière et noble, et se détachant en silhouette lumineuse sur le fond de ténèbres et de calomnies ? Sa haine des princes l'emporta : « Votre Comité, ajouta-t-il, a pensé que la meilleure représaille envers l'Autriche était de mettre l'échafaud et l'infamie dans sa famille, et d'inviter les soldats de la République à se servir de leur baïonnette dans la charge. » Phrase sanglante, et menteuse injure à une morte, que n'a-t-il gardé le silence ? Que ne se rappelait-il sa maxime des *Institutions républicaines* qu'il venait d'écrire quelques mois plus tôt : « Les femmes ne seront pas censurées ? » Réplique au cri trop fameux de Barnave : « Le sang qui coule était-il donc si pur... » ? Réplique inutile, manque de grandeur dans la lutte. Il n'y avait plus de reine. Il y avait une femme. Et quand nous la voyons monter l'échelle sinistre, pâle, les yeux baissés, les mains liées derrière le dos, perdant un dé ses souliers de soie noire déchirée, avec son beau courage silencieux de femme et d'aristocrate, nous voudrions effacer au bas du pauvre déshabillé de toile blanche cette tache de boue jetée par ce jeune homme.

X

Dès que Dumouriez eut trahi, et que le vainqueur de Valmy eut filé par les champs, avec sa maigre escorte dorée, sous les balles de ses propres soldats, il devint évident que les alliés, fermement décidés à restaurer la Monarchie, travaillaient à dissocier l'armée, aussi bien par les séductions que par la force. Aussi la Convention, si hésitante et si divisée sur les aspects politiques de la crise intérieure, fit bloc contre l'étranger. Elle atteignit alors à une grandeur désespérée : « La République, déclara Barère réclamant la levée en masse, n'est qu'une grande ville assiégée, il faut que la France ne soit plus qu'un vaste camp. » Et tout le pays se transforma effectivement en un camp de défense, ardent de fureurs et de coups de marteaux. Des cadences de forges s'accordèrent aux cadences des troupes en marche. Les ateliers militaires surgirent, les fabriques de munitions se multiplièrent. Le Travail, debout, défendait la Révolution.

L'armée demeurait bonne, grâce à l'application de l'amalgame, loyalement attachée à la Révolution — on le vit lors de la fuite de Dumouriez —, toute vibrante d'enthousiasme patriotique ; mais sa valeur militaire se trouvait menacée et, çà et là, presque corrompue par l'intense gabegie de certains administrateurs, aussi bien que par la crainte mystérieuse des trahisons sur ces frontières où les émigrés entretenaient des relations obscures. Pour éviter ces causes de démoralisation, pour éviter aussi le retour des défections de généraux, la Convention avait pris l'habitude de déléguer aux armées quelques-uns de ses membres, chargés de surveiller les chefs, de servir d'intermédiaires entre le Ministre de la Guerre et les états-majors, et de rétablir l'ordre dans les populations civiles. C'est par application de ce principe qu'en Brumaire an II, elle accréditait auprès de l'armée de la Moselle Lacoste et Baudot et déléguait à l'armée du Rhin Saint-Just et Le Bas. Ces représentants du peuple, qui allaient se trouver en présence de difficultés sérieuses, étaient munis de pouvoirs extraordinaires.

Quelques mois plus tôt, dans un de ses discours sur l'armée, Saint-Just avait superbement brossé la figure idéale des représentants en mission. « Ils doivent, disait-il alors, être les pères et les amis du soldat, ils doivent dormir sous la tente ; ils doivent être présents aux exercices militaires ; ils doivent être peu familiers avec les généraux, afin que le soldat ait plus de confiance dans leur justice et leur impartialité quand il les aborde. Le soldat doit les trouver jour et nuit prêts à l'entendre ; les représentants doivent manger seuls ; ils doivent être frugals. » Pas de repos : « Ceux qui font des révolutions dans le monde, ceux qui veulent faire du bien, ne doivent dormir que dans les tombeaux. » Et pas de paperasses, cette plaie militaire : « Il est impossible que l'on gouverne sans laconisme. » Programme audacieux, net, révolutionnaire. Il attachait à cette conception du représentant du peuple aux armées une grandeur romaine.

Tel fut Saint-Just à Strasbourg. Son proconsulat, durement calomnié, est demeuré célèbre. Il arrive, et la victoire avec lui, qui veut des armées et non des hordes. Déjà d'autres conventionnels, Milhaud, Guyardin, Souheny, se trouvaient à l'armée du Bas-Rhin. Mais dès qu'il eut paru devant l'hôtel de Klinglin, tout changea. Sa volonté implacable pesa sur l'armée ardente et chaotique, sur les bureaux pourris, sur la ville bariolée de patriotes, d'espions, de fournisseurs et de traîtres. Ce jeune homme, c'est la décision, la volonté, l'ordre. C'est la justice. Une proclamation suffit à transformer les événements et les esprits. Un coup de foudre sur ces ténébreuses frontières de sang, d'or, de remparts, de tractations, et l'atmosphère se purifie, devient claire. Ce fut le 3 qu'il signa, avec Le Bas, ces premières phrases génératrices de force :

« Nous arrivons, et nous jurons au nom de l'armée que l'ennemi sera vaincu. S'il est ici des traîtres et des indifférents même à la cause du peuple, nous apportons le glaive qui doit les frapper. Soldats, nous venons vous venger et vous donner des chefs qui vous mènent à la victoire. Nous avons résolu de chercher, de récompenser, d'avancer le mérite et de poursuivre tous les crimes, quels que soient ceux qui les aient commis. Courage, brave armée du Rhin ! Tu seras désormais heureuse et triomphante avec la liberté. »

« Il est ordonné à tous les chefs, officiers et agents quelconques du gouvernement de satisfaire dans trois jours aux justes plaintes des soldats. Après ce délai, nous donnerons des exemples de justice et de sévérité que l'armée n'a point encore vus. »

Proclamation magnifique de jeunesse, de confiance ! « Nous arrivons ». Aussitôt les autres représentants disparaissent, ne comptent plus. Ils n'ont pas eu la foi. Ils n'ont pas eu la mystique souveraine qui n'admet pas l'obstacle, transfigure l'exercice de la force, transfère à celui qu'elle anime un droit absolu. Et donc ils n'ont pas eu la victoire. Que l'on se figure les soldats lamentables et pieds nus de l'armée du Rhin, suspectant les officiers d'ancien régime, sentant serpenter autour d'eux dans la ville les intrigues des séides de Brunswick ; que l'on se les figure arrêtés devant l'affiche, et lisant ces mots de lave ardente... Ils les comprennent d'instinct. Vieux briscards d'autrefois et jeunes recrues d'hier, La Ramée et Brutus se frottent les mains : il ne s'agit plus de proclamations filandreuses, d'appels sans effet, d'encre noire sur du papier blanc et qui demain jaunira. Avant que cette encre-ci soit sèche, ces mots seront devenus des réalités. Voilà des hommes. L'armée est sauvée.

Elle souffrait de bien des maux, cette malheureuse armée pataugeant dans les boues de Brumaire, repoussée, menacée par l'envahisseur qui se fortifiait alors dans les défilés de Saverne, dans les repaires d'où il lancerait ses offensives prochaines. Mais les promesses de ces affiches deviennent en effet, sans délai, sans relâche, des réalités. L'armée n'est pas chaussée ? Saint-Just et Le Bas ordonnent que tous les aristocrates de Strasbourg soient déchaussés, et que le lendemain, à dix heures, dix mille paires de chaussures soient dirigées vers le quartier général. Elle souffre du fait de l'agiotage qui jouait à la hausse du blé ? Saint-

Just et Le Bas décident que le tribunal du Bas-Rhin devra faire raser la maison de quiconque se trouvera convaincu d'avoir vendu ses denrées à un prix supérieur au maximum. Elle manque d'hôpitaux propres et bien aménagés ? Saint-Just et Le Bas décident que, dans les vingt-quatre heures, la municipalité de Strasbourg devra mettre à la disposition du quartier général deux mille lits installés chez les riches de Strasbourg, lits destinés aux soldats blessés ou malades qui devront être soignés avec le respect dû aux défenseurs de la liberté. Elle est pauvre ? Saint-Just et Le Bas lèvent un emprunt forcé de neuf millions, dont six pour la caisse de l'armée, deux pour les indigents de la ville, un pour la remise en état des fortifications de la place. Elle est menacée par l'indiscipline ? Saint-Just et Le Bas prennent des mesures rigoureuses contre les chefs et les soldats qui ne feront pas leur devoir, interdisent aux soldats sans permission l'entrée de Strasbourg, interdisent aux chefs le théâtre, ordonnent à tous de coucher habillés sous la tente, prêts à l'alerte. Elle est rongée par la mauvaise administration ? Saint-Just et Le Bas prennent l'arrêté suivant, qu'il faut reproduire tout entier :

« Les représentants du peuple, envoyés extraordinairement à l'armée du Rhin, convaincus que la mauvaise administration, l'impunité des vols et les intelligences de l'ennemi avec les mauvais citoyens ont été l'une des causes des désastres de l'armée du Rhin, convaincus en même temps de la nécessité de punir promptement.

Arrêtent ce qui suit :

Article premier. — Les agents prévaricateurs des diverses administrations de l'armée du Rhin et les agents ou partisans de l'ennemi seront fusillés en présence de l'armée.

Art. 2. — La tribunal militaire près l'armée du Rhin est érigé en commission spéciale et révolutionnaire, pour la punition de ces sortes de délits ; il ne sera, dans ce cas, astreint à aucune forme de procédure particulière.

Art. 3. — Il pourra se faire représenter sans les déplacer les registres des administrations et les autres pièces qui seront nécessaires à la connaissance du délit.

Art. 4. — Il ordonnera la détention des prévenus qui ne seront que suspects et les fera conduire dans les maisons d'arrêt de Mirecourt.

Art. 5. — Le tribunal ne sera pareillement astreint à aucune forme de procédure particulière pour l'exécution de la proclamation des représentants du peuple du 3e jour de ce mois ; mais lorsque les chefs militaires paraîtront être dans le cas de la destitution prononcée par cette proclamation, ils en référeront aux représentants du peuple.

Art. 6. — Le tribunal continuera d'exercer ses autres fonctions conformément aux lois existantes.

Fait à Strasbourg, le 5e jour du 2e mois
de l'an second
de la République une et indivisible.

Les brumes sont déchirées, un ciel vigoureux apparaît. Certes les décisions des deux représentants extraordinaires n'allèrent pas sans soulever des résistances, mais ces résistances furent aussitôt et impitoyablement brisées. Les citoyens de Strasbourg protestent-ils contre l'emprunt forcé ? Saint-Just et Le Bas, par un ordre formel, limitent au versement de la monnaie ayant cours les possibilités de paiement ; ils décident, en même temps que si dans les vingt-quatre heures le plus riche des imposés n'a pas satisfait à l'emprunt dans les conditions exigées, ce mauvais citoyen sera exposé sur l'échafaud, de six heures du matin à une heure du soir, et que tous les assujettis qui, dans le même délai, n'auront pas exécuté les ordres reçus, seront astreints à un mois de prison par jour de retard. Les chefs oublient-ils leurs devoirs ? Le chef du 1er bataillon des grenadiers de Saône-et-Loire ayant paru ivre à l'attaque du pont de Khel est rétrogradé, envoyé comme fusilier dans un régiment d'avant-garde. Un colonel, un capitaine ayant poussé des soldats à la désertion sont fusillés sur le front des troupes. L'adjudant général Perdieu est destitué, et placé pour quinze jours à la garde du camp, pour s'être trouvé au théâtre alors que l'avant-garde était attaquée. Un général qui avait fui est fusillé.

Abus de la force ? Non. Activité de la toute puissance. A l'armée comme dans le pays, le salut public primait tout. Les adversaires de Saint-Just ont crié à la férocité, parlé de proconsulat sanglant. Mais qu'a-t-il fait, sinon restaurer la discipline en appliquant, et certes parfois adoucies, les prescriptions mêmes du code militaire ? Comment, de 1914 à 1918, les Conseils de guerre auraient-ils traité un officier indûment installé au théâtre, dans la ville voisine, alors que son bataillon subissait une attaque ? La rétrogradation eût sans doute alors paru vraiment une sanction assez bénigne. A quelle peine, sinon au poteau, auraient-ils condamné des officiers supérieurs convaincus d'avoir conseillé à leurs hommes de passer à l'ennemi ? A l'heure où il s'agissait de vaincre ou de périr, quelles mesures a donc prises Saint-Just que n'eût contre-

signées tout juge militaire d'hier et d'aujourd'hui ?
Mais les deux représentants du peuple se préoccupent
de l'armature sociale et politique des départements
placés sous leur juridiction : ils construisent en même
temps qu'ils défendent. Ils organisent dans chaque
commune une école primaire gratuite. Ils demandent aux citoyennes de Strasbourg de porter les modes
françaises et de parler la langue française : la beauté
doit être patriote. Ils poursuivent et traquent les
suspects, dans cette grande ville passionnée où les
intrigues se multiplient, où des royalistes masqués
prêtent la main aux royalistes émigrés, au point qu'on
ne sait plus où commence la ligne ennemie. A la suite
d'une affaire compliquée, dont l'exposé serait inutile
et qui fut provoquée par une lettre apocryphe attri-
buée au marquis de Saint-Hilaire, ils cassent, le 12
Brumaire, l'administration du Bas-Rhin, décrètent
l'arrestation de la plupart de ses membres, faisant
emprisonner la majorité des conseillers municipaux
de Strasbourg. Et nous verrons quelle sera leur attitude envers l'atroce procureur général Schneider.
Mais, acharnés à leur dure tâche, ils restaient profondément humains. Saint-Just apparaissait terrible, et
parfois ému. Il réalisait bien le type même du représentant en mission qu'il avait dépeint à ses collègues.
Travaillant sans répit, allant aux points menacés,
passant des revues, interrogeant les soldats, surveil-
lant les moindres mouvements de l'opinion et les
moindres défaillances des hommes, il était le jeune
ascète de la victoire. Le petit Nodier le vit alors,
dans son bureau, passant devant lui de la colère à
la douceur, et se souvenait, après bien des années,
que le farouche représentant du peuple avait pleuré

d'une insulte jetée à la procession du Saint-Sacrement traversant Strasbourg...

Dureté, fermeté. Mais en quelques semaines l'armée était redressée, habillée, chaussée, pourvue d'hôpitaux, rendue à la discipline, prête à l'assaut. L'enthousiasme a saisi les troupes. Deux jeunes gens de vingt-six et vingt-sept ans ont galvanisé des milliers d'hommes, rétabli sur ce point du front une inexpugnable forêt de baïonnettes. Et maintenant Saint-Just pourra renvoyer le parlementaire du duc de Brunswick et lui jeter la fière réponse : « La République française ne reçoit de ses ennemis et ne leur envoie que du plomb. »

Cependant l'objectif militaire consistait dans la reprise des lignes de Wissembourg, long remblai d'une vingtaine de kilomètres, protégé d'un fossé, et qui courait de cette ville au Rhin. La possession de ces fortifications eût permis de débloquer Landau. Les 5 et 6 Brumaire, eut lieu, près de Saverne, au bois de Reschfeld, une affaire indécise, un premier accrochage. Puis, grâce à l'énergie directrice de Saint-Just, qui exigeait toujours l'offensive, grâce à l'habileté manœuvrière de Hoche qui concevait et réalisait des plans heureux, la situation se rétablit, et l'armée se trouva prête à une attaque décisive. Une partie de leur mission étant ainsi remplie, Saint-Just et Le Bas demandèrent, en Frimaire, un congé qui leur fut accordé.

A Paris, Saint-Just retrouva Henriette Le Bas. Il vécut là des jours délicats et ces vacances de Frimaire furent peut-être, dans une sorte de répit de son destin politique, ses derniers moments de bonheur. Un pâle soleil d'hiver les éclaira. Elles furent courtes.

Presqu'aussitôt, en effet, les deux représentants du peuple apprenaient que les intrigues strasbourgeoises, rendues plus faciles par leur absence, devenaient dangereuses. Ils partirent en hâte pour étouffer les conspirations et rétablir l'ordre.

Mme Le Bas accompagna son mari, et Henriette Le Bas son fiancé. Heures amusantes et délicieuses, malgré l'inquiétude, que celles de ce voyage... Dans la diligence qui les emportait, Saint-Just lisait à haute voix du Molière. A Etoges, le vieux pâtre à houppelande parut à la portière, image presque barbare du subconscient des foules. Mais à mesure que la lourde voiture s'enfonçait vers l'Est, les convois croisés, les camps d'exercice longés, les chevaux d'artillerie attachés en rond autour des piquets, rappelaient et évoquaient la guerre toute proche, la menace perpétuelle sur la Patrie. L'un des derniers relais fut Saverne. Sans doute Saint-Just et Le Bas, si rigoureux envers les officiers et les soldats, estimèrent-ils qu'ils devaient donner l'exemple d'un labeur que rien, pas même une joie légitime, ne détourne de son but. Saverne leur parut charmant, ville calme toute groupée autour du blanc palais inachevé dont la Révolution venait de chasser le cardinal prince de Rohan, et dominée par des collines boisées où croulaient de vieux burgs formidables. Ils y installèrent Mme et Mlle Le Bas, puis gagnèrent Strasbourg.

Il était temps. Des Jacobins excessifs, singes au zèle imbécile des représentants du peuple, soulevaient dans la ville l'indignation des républicains par une série de violences inutiles tandis que l'accusateur public, à demi-fou, promenait la guillotine dans toute la province, comme piment de ses orgies, et la faisait fleurir et illuminer sur la place publique aux frais de la famille des victimes. Saint-Just et Le Bas décidèrent, tout d'abord, qu'ils se réservaient l'examen de tout dossier et qu'aucun mandat d'arrêt ne deviendrait exécutoire sans leur visa. Restait l'affaire de l'accusateur public. Le hasard les servit.

Le lendemain même de leur arrivée, l'horrible Schneider, le traducteur d'Anacréon, marié de la veille, faisait à Strasbourg son entrée triomphante et conjugale, dans un carosse doré traîné par six chevaux, et dont les glaces miroitaient d'affreuses légendes. Des cavaliers, sabre au clair, encadraient ce théologien sacrilège taché de sang et de vin. Bavarois, ancien franciscain, ancien prédicateur du duc de Wurtemberg, ancien professeur de théologie à la Faculté de Bonn, ancien vicaire général de l'évêque constitutionnel de Strasbourg, il avait abjuré le sacerdoce et, du haut de son ascension ecclésiastique, jeté son froc sous les mirabelliers, puis, nommé commissaire civil près l'armée, ensuite accusateur public au Tribunal révolutionnaire, empli l'Alsace de l'horreur de ses débauches et du tumulte de ses exécutions. Vol et priapée, il s'emparait de l'or des riches bourgeois et de la chair des jolies filles. Il rentrait d'un de ces voyages au cours desquels, signant sur la table, parmi les flaques de graisse et de crûs du Rhin, des arrêts de mort et des réquisitions sexuelles, il avançait d'orgie en orgie, escorté de défroqués en délire, dans une déroute effrayée de grandes coiffes noires. Il venait, précisément, de se marier avec Mlle Stamm, dont il avait demandé la main en termes tels que la famille épouvantée avait cédé la jeune fille au minotaure sanguinolant et tout aussitôt il la ramenait à Stras-

bourg. Parade du Stupre, de la Folie, de la Mort ?
on ne savait plus. Écœurés, furieux d'un scandale
qui éclaboussait davantage la République de traîner
aux frontières, Saint-Just et Le Bas arrêtèrent net
cette mascarade tragique. Sur leur ordre, Dieche,
commandant la place, s'empara immédiatement de
Schneider, qui fut exposé sur l'échafaud, au milieu
de l'enthousiasme populaire, de onze heures du matin
à deux heures de l'après-midi, puis conduit de brigade
en brigade jusqu'à Paris, où sa tête devait tomber
le 11 Germinal.

Cependant Hoche faisait avancer ses troupes vers
Pirmasens et Kayserslautern, et, ne rencontrant
aucune résistance de l'armée prussienne, poussait
jusqu'à cette dernière place. Aux bastions s'affirma
brusquement la résistance de Brunswick. Echec partiel, et sans lendemain. Le Comité de Salut public,
si sévère aux généraux vaincus, en eut le sentiment
très juste, et Carnot fit écrire à Hoche : « Un revers
n'est pas un crime, quand on a tout fait pour mériter
la victoire. » L'intérêt de la campagne résidait dans
une jonction rapide des armées du Rhin et de la
Moselle. C'était la grande idée de Saint-Just. Il insista.
Hoche reprit vigoureusement les opérations, et d'inces-
santes batailles se succédèrent, opiniâtres. Würmser
s'acharnait dans une défense sanglante, qui puisait
une force plus grande dans l'inaction de Pichegru.
Enfin Frœschwiller fut enlevé à la baïonnette, puis
Hagueneau. La fusion s'opérait : alors une question
délicate se posa : la nomination du général en chef
des deux armées réunies.

Elle fut réglée dans la confusion, et la solution qui
lui fut donnée se trouve peut-être à l'origine des cri-

tiques dirigées contre l'attitude de Saint-Just envers Hoche. Saint-Just et Le Bas estimaient, et Hoche partageait leur avis, que le commandement revenait au plus ancien des deux généraux, donc à Pichegru. A vrai dire, ils se méfiaient de Hoche, dont certaines paroles peu prudentes avaient amené quelques mois plus tôt l'arrestation, et, toujours, soutinrent le dangereux Pichegru, dont l'affectation jacobine les illusionnait. L'avenir devait leur donner tort, mais il s'agissait là d'une erreur explicable et non d'un sentiment d'hostilité personnelle. Quand Saint-Just, en Ventôse, obtiendra l'incarcération de Hoche, ce sera certainement sans amertune vindicative, mais, sans doute, à la suite d'intrigues de Pichegru. Dans cette circonstance, d'ailleurs, leur protection n'eut pas de résultat pratique : pendant qu'ils signaient la nomination de Pichegru, leurs collègues Lacoste et Baudot procédaient, en effet, à celle de Hoche. Pour éviter un conflit de pouvoirs, Saint-Just et Le Bas crurent devoir s'incliner. Le commandement fut donc dévolu au jeune vainqueur de Frœschwiller.

Würmser se repliait sur Wissembourg, et déjà Brunswick accourait à son aide. L'hiver, avec ses grandes tourmentes glacées, semblait les protéger. Mais, le 6 Nivôse les admirables soldats de l'An II, cette armée de sans-culottes, comme disait Hoche, se précipitèrent sur les lignes autrichiennes au cri de : Landau ou la mort ! Saint-Just courait, avec ses collègues, dans les rangs frénétiques de l'assaut. Les vieux troupiers regardaient d'un air goguenard ce jeune homme élégant, paré d'une écharpe, coiffé du tricorne à plumes tricolores qui, le sabre au poing, chargeait avec eux dans les rafales de neige. L'héroïque ruée s'acharnait sous la mitraille, s'accrochait aux pentes rudes du Geisberg. La lutte était effroyable. Mais, le soir, les soldats vainqueurs pouvaient dire au conventionnel pâle, souillé de poussière et de sang « Foutre ! Nous sommes contents de toi... tu es un bon bougre ! » La victoire agitait des ailes aux couleurs républicaines. Mais le succès eût été plus complet si le général Donadieu ne s'était pas obstiné dans l'inertie. L'exemple ne tarda pas : le général fut traduit en conseil de guerre et fusillé.

Presqu'aussitôt Desaix emportait Lautenbourg ; Wissembourg, Kayserslautern tombaient. Et le 8 Nivôse, Pichegru entrait dans la sombre forteresse de Landau, escorté de Saint-Just et de Le Bas à cheval, entre deux rangs de baïonnettes. Saint-Just harangua le général Laubadère et les troupes qui, malgré le bombardement, les intrigues, les trahisons, avaient tenu bon entre les lourds remparts de lá cité palatine, si souvent forcée déjà au cours des vieilles guerres.

La mission de Saint-Just et de Le Bas se trouvait terminée. Les deux jeunes gens rejoignirent à Saverne Mme et Mlle Le Bas, et rentrèrent à Paris. Ils y furent accueillis par un enthousiasme ardent. Leur intervention si grave, si résolue, si farouchement pure, avait vraiment, en quelques semaines, sauvé la Patrie.

Si grave, si résolue ? D'autres ont dit : si cruelle. Et pourtant quel sentiment autre que celui d'une réprobation partisane peut inspirer pareille sévérité ? Oui, les deux représentants du peuple ont durement frappé les richesses des particuliers ; mais ce fut pour entretenir, habiller, armer ces troupes qui devaient défendre l'organisation sociale dont profitaient les souscripteurs de l'emprunt forcé. Oui, ils ont décrété de terribles menaces contre les agioteurs : mais ces menaces ont suffi pour faire disparaître les profiteurs, les fonctionnaires véreux, toute une tourbe ténébreuse et dorée, et la mesure, si souvent blâmée, de la destruction d'une maison dont le propriétaire serait convaincu de vendre au-dessus du maximum ne fut appliquée qu'une seule fois. Ne valait-il donc pas mieux voir une maison rasée qu'une province envahie ? Oui, ils ont édicté des prescriptions militaires qui amenèrent l'envoi d'officiers supérieurs au peloton d'exécution : mais qu'ont-ils fait que de remettre en vigueur un code sévère, certes, mais en usage dans toute l'armée régulière ? Il s'agissait du salut de la Patrie : pouvaient-ils hésiter ? Ils furent implacables, mais pour la France.

S'ils ont dû provoquer la condamnation de chefs coupables, jamais, sous leur proconsulat, le couperet ne tomba, en Alsace, de leur aveu. Au cours de ces féroces mois de la Révolution, en de si rudes circonstances, dans une ville pourrie d'espions, ils ne portent la responsabilité d'aucune victime civile. Et si un accusé monta sur leur ordre à l'échafaud, ce fut le sinistre Schneider, non pour y mourir, mais pour y montrer aux Strasbourgeois, pendant des heures de honte, le sort qui attendait les criminels. Saint-Just et Le Bas rentraient à Paris la conscience nette.

L'année 1794 commençait.

IX

Une effroyable tempête de neige tourbillonnait sur
Lille, le 10 Pluviose de l'An II, lorsque Saint-Just et
Le Bas, de nouveau envoyés en mission par le Comité
de Salut Public, et, cette fois, à l'armée du Nord, y
entrèrent en chaise de poste. Barrant l'horizon d'une
masse lourde, les noirs remparts de la vieille ville,
les clochers sombres à travers les flocons, traçaient
un dur tableau sur le ciel d'hiver. Les deux jeunes
gens n'y prenaient pas garde. Une fois de plus il
fallait vaincre ; une fois de plus la tâche était rude.

Saint-Just avait accepté d'enthousiasme cette nouvelle mission. Il sentait monter en lui le dégoût et la
crainte des luttes politiques qui déchiraient la Convention, l'épuisaient sans profit pour la République. Dès
son retour de l'Est, il avait entrevu l'imminente
aggravation des désordres, et suivi avec inquiétude
les phases impertinentes ou tragiques du duel de
Camille Desmoulins et d'Hébert. Il n'aimait, au fond,
ni l'un ni l'autre, partageant à peu près l'avis de
Robespierre sur le premier, dont il suspectait de longue
date le caractère d'enfant gâté, pathétique et nerveux,
et blessé par le sans-culottisme facile et dégradant,
par le cynisme antireligieux du second. Aussi, pendant son bref séjour à Paris, s'était-il tenu à l'écart

du club jacobin, où Robespierre s'efforçait de mener, avec son allure de doctrinaire pensif, une politique délicate. Au surplus il pouvait donner pour excuse de son absence sa besogne écrasante au Comité de Salut public. Son séjour à l'armée de l'Est l'avait décidément spécialisé dans l'étude des questions militaires. Il apportait dans le règlement des problèmes de la guerre cette puissance de labeur, ce souci des détails et ces admirables vues d'ensemble que ses adversaires ne lui ont jamais refusés. Littéralement, il voyait les charrois pesant le long des routes défoncées, les embouteillements des convois de vivres, il voyait les emplacements de parcs d'artillerie mal choisis, il voyait les diverses armes isolées dans leur propre tâche, il voyait les canons traînés à pleins colliers par des haridelles. Carnot avait été si frappé de sa puissance de travail et des résultats obtenus dans l'Est qu'il lui avait offert, à son retour de Strasbourg, de lui céder ses attributions. Saint-Just, préférant l'action, avait refusé. Cette fois, encore, il allait remédier sur place à toutes les difficultés, il dresserait des plans de communication pour les convois, réorganiserait les camps, assurerait la liaison des armes, foudroierait la trahison. De nouveau il travaillerait non plus sur des plans, sur des paperasses, mais en pleine vie active. Enfin, loin de l'atmosphère pesante de l'Assemblée, des invectives meurtrières de député à député, il se trouverait dans d'âpres régions où l'adversaire à combattre était l'ennemi du pays, où la lutte n'avait pas un goût fratricide. La froide atmosphère se révélait salubre. A la portière du coche, il devait saluer avec une allégresse rude les silhouettes lentement apparues, la pesante citadelle pentagonale de

Vauban, le clocher gothique de Saint-Maurice, qui se dressaient, s'avançaient dans le tourbillon.

Saint-Just et Le Bas succédaient à Charles, ancien prêtre et montagnard farouche. Les difficultés qu'ils heurtèrent à Strasbourg les attendaient à Lille. La campagne du printemps de 1794, qui devait constituer un chef-d'œuvre militaire, se trouvait aussi mal préparée à l'armée du Nord que celle de l'hiver de 1793 l'avait été à l'armée de l'Est. Mais les deux représentants avaient conservé la même énergie, et Saint-Just sortit de son portefeuille les duplicata de ces décrets implacables dont la dureté même empêchait que leurs dispositions ne fussent enfreintes et qui, quelques semaines plus tôt, sauvaient le département du Bas-Rhin. La trahison rôdait : il interdit à tout habitant de Lille de se promener dans l'enceinte des fortifications sans raison plausible, ordonna que les portes de la cité ne fussent plus ouvertes que de huit heures du matin à trois heures de l'après-midi. Le désordre de l'Administration était déplorable : il décréta que les membres du Comité de surveillance prendraient à tour de rôle leur poste de service, et réglementa les rondes de nuit. Les officiers avaient l'habitude de baguenauder : il décida que tous ceux qui ne seraient pas rentrés à la citadelle au moment de la fermeture des portes seraient destitués. Les étrangers, les royalistes, constituaient une sourde et perpétuelle menace pour la sécurité de la ville : il défendit qu'aucun détenu correspondît désormais avec le dehors et qu'aucun étranger sortît de son domicile de six heures du soir à huit heures du matin. Les agioteurs ruinaient le ravitaillement : il reprit le décret qui condamnait toute personne convaincue de spéculation à voir raser sa maison. L'enchevêtrement des rouages ankylosait toute la machine administrative. Il publia l'arrêté suivant :

Les représentants du peuple à l'armée du Nord, considérant que l'inertie des administrations des armées résulte de la négligence des fonctionnaires, du défaut d'activité dans les rapports, arrêtent ce qui suit :

Le commissaire ordonnateur, les régisseurs des vivres correspondent avec les administrateurs du district, les commissaires des guerres, garde-magasins et tous préposés, par des ordres ou des demandes succinctes. Le délai pour y répondre sera fixé. Les dépêches seront remises par des ordonnances et leurs chevaux seront nourris aux dépens des administrateurs et préposés auxquels elles auront été adressées. Les ordonnances ne pourront revenir sans réponses à peine de trois mois de détention. Le présent arrêté sera imprimé et publié.

La réputation de sévérité du jeune représentant du peuple avait franchi les frontières d'Alsace. Tous connaissaient son attitude à Strasbourg, savaient qu'il scellait ses ordres d'un cachet historié d'une guillotine. Les agioteurs se rappelaient une maison détruite. Les officiers, le général Donadien fusillé sur le front des troupes. Les *enragés*, Schneider exposé sur l'échachaud, au pilori de la Révolution. La foudre grondait. L'ordre se rétablit.

Cependant Lille ne constituait qu'un des points menacés, qu'une articulation crênelée dans la longue ligne de la frontière. Les deux représentants décidèrent une inspection générale et rapide des principales forteresses de la défense du Nord. Presque partout ils découvrirent la même incurie, trouvèrent

la même indiscipline, flairèrent la même odeur
vague de trahison. De Lille ils allèrent, le 12 Pluviôse,
à Guise, où la légion des volontaires de la Nièvre se
trouvait en pleine crise de démoralisation. Ils réagirent
immédiatement avec brutalité, dissocièrent la légion,
disséminèrent ses éléments dans les différents corps
d'armée du front. Le 15 Pluviôse, ils arrivaient à Maubeuge ramassée entre ses fossés, incendiée et ravagée
par tant de guerres, et qui, place importante, grouillait
d'intrigues. Ils ordonnèrent une épuration sévère de
la société populaire de la ville, dépistèrent les traîtres,
envoyèrent devant la commission militaire l'anglais
Faeding. Quelques jours plus tard, ils étaient à Arras,
où ils prirent une mesure extrêmement rigoureuse :
l'emprisonnement et la mise au secret de tous les
nobles des départements du Nord, du Pas-de-Calais,
de la Somme et de l'Aisne. Leur voiture brûlait les
relais ; soudain, sur les grand'places, devant l'Hôtel-
de-Ville, la calèche s'arrêtait, les curieux en voyaient
descendre deux jeunes gens aux panaches coloriés,
la poitrine barrée de l'écharpe tricolore. Tout tremblait et tout obéissait. Plus qu'un tocsin aux beffrois
de ces villes noyées d'hiver, cette présence ralliait les
courages. Une flamme d'héroïsme et de volonté brillait
dans la brume. Ils n'hésitaient pas, d'ailleurs, à châtier
durement les moindres paroles qui, blâmant le régime,
pouvaient amener la lassitude et la révolte des esprits,
une sorte de défaitisme social à quelques lieues de la
bataille. Les adversaires de Saint-Just ont pris texte
d'un de ces épisodes de répression pour le critiquer avec
amertume : le maître de postes de Saint-Pol, auquel
le député demandait des renseignements sur le Comité
de cette ville, lui ayant répondu que cette Assemblée

se recrutait parmi des gens sortis de la lie du peuple,
dut en effet subir un mois de détention à Béthune.

Tous ces actes administratifs réalisaient l'immédiate
défense politique. Saint-Just et Le Bas organisaient
en même temps une offensive militaire qu'ils désiraient
prochaine, et dont ces mesures d'un autre ordre condi-
tionnaient la sécurité. Ils la préparaient minutieusement, s'inquiétaient des subsistances, et, l'approvi-
sionnement se révélant difficile, réquisitionnaient les
bœufs dans les districts frontières, puis les vaches,
d'abord chez les riches, enfin chez les propriétaires
moins aisés. Ils se préoccupaient des fourrages, qui
manquaient fréquemment, menaçaient les fournisseurs
négligents ou fautifs, écrivaient à leurs collègues des
départements producteurs. L'armement étant défec-
tueux, ils réclamaient des armes en toute hâte. Enfin,
ils examinaient l'importante question du commandement.

Saint-Just tenait beaucoup à Pichegru, dont il
appréciait, nous l'avons vu, le républicanisme osten-
tatoire. Il n'avait pu le faire mettre à la tête de l'armée
de l'Est, mais insista cette fois, et finalement décida
le Comité de Salut public à nommer son protégé
commandant de l'armée du Nord en remplacement
de Jourdan, momentanément disgrâcié. Recevant à
Lille le nouveau général en chef, il lui indiqua les
directives déjà esquissées dans ses lettres, lui exposa son
plan d'offensive directe sur Ostende, Beaumont, et
Valenciennes. Scène historique dans le sombre et
neigeux décor. Le géant chamarré écoutait ce jeune
homme aux yeux bleus, élégant et fin, dont la main
prenait et reprenait sur la table le chapeau dont le
plumet tricolore n'avait pas frémi au Geisberg.

Quelques jours plus tard, les deux représentants furent rappelés. Saint-Just quittait l'armée réorganisée, approvisionnée de subsistances et d'enthousiasme, prête à un printemps de batailles et de victoires. Il la rejoindra pour Fleurus.

Presque au lendemain de son retour, le 1er Ventôse, dans la soirée, la Convention l'appela à présider ses séances. Il assura ces hautes fonctions avec une gravité, une noblesse, un sens de l'autorité remarquables. Immobile au-dessus de la tribune, et laissant errer son froid regard sur l'Assemblée, il symbolisait parfaitement cette jeune Révolution qui ne voulait pas s'encanailler, qui délaissait la carmagnole, ne croyait pas que le débraillé soit démocratique ni que l'égalité se réalise dans la pouillerie. Il apparaissait aussi une énigme. Ces jours d'hiver sont décisifs pour lui, qui n'a plus qu'une saison à vivre. Il est au pouvoir. Que veut-il ? Ou va-t-il ? Que médite ce silencieux qui ne prend la parole que pour des discours mêlés de foudre ? Les députés assis sur les bancs de la salle verte et jaune, entre les tribunes grouillant d'une foule passionnée, n'allaient pas tarder à se poser la question avec une secrète terreur. Il a là, sous ses yeux, ses prochaines victimes et ses futurs vainqueurs.

Quelques jours après qu'il eût pris possession du fauteuil, une dénonciation signalait au Comité de Salut public que le commandant en second d'artillerie Buonaparte avait proposé de restaurer à Marseille les bastilles édifiées par Louis XIV. Le président de l'Assemblée a vingt-six ans. Le commandant d'artillerie vingt-cinq ans. A cette minute et par cette dénonciation imbécile, mais qui projette pour l'historien une étrange lumière, Saint-Just s'occupe de Bonaparte. Ces deux jeunes gens sont les deux avenirs possibles de la France : seulement le maigre officier aux yeux noirs, aux longues mèches de nuit sur un front tourmenté, a pour lui le Destin. La guillotine allait abattre le seul obstacle qu'il pût rencontrer, lui ouvrir la route de l'empire. Avant que se levât le soleil hivernal d'Austerlitz devait sombrer le lourd soleil de Thermidor. Saint-Just tombé, Bonaparte ne trouvera plus devant lui que le faible Sièyès ou des Barras corrompus. Pas une volonté. Quand le général entrera dans la salle des séances des Cinq-Cents, la volonté dormira sous l'herbe du petit cimetière des Errancis.

Cependant Saint-Just, qui ne dut même pas arrêter son attention sur cette affaire, ne se confinait pas dans ces fonctions d'apparat. Le 4 Ventôse, deux faits, de bien inégale importance, jettent d'ailleurs pour nous un jour vif sur les profondeurs de son caractère. A cette date, en effet, M. Thorin père lui écrit que son fils se trouvait emprisonné depuis le 25 octobre à la Conciergerie à la suite de calomnies. Blérancourt, le café Beaumé où François Thorin aurait tenu des propos inciviques, Thérèse Gellé... Saint-Just revit son adolescence amoureuse. Il donna des ordres, et dès le mois d'avril, l'homme qu'il avait haï avec toute la rage de sa chair jalouse devait être libéré. Le même jour, deux députés, Taillefer et Briard apportèrent à la Convention l'écho de doléances publiques. Le bruit s'affirmait, déclarèrent-ils, que certains extrémistes arrivaient à faire emprisonner sur un simple soupçon des citoyens innocents, et, par l'exemple d'aussi frappantes injustices, ameutaient le peuple contre la Révolution. Il s'agissait là, au fond, d'un épisode de cette lutte sourde qui se poursuivait depuis quelques semaines entre les hébertistes et le Comité de Salut public. Robespierre et ses amis considéraient ces *enragés*, qui heurtaient leur désir de mener la Révolution à sa fin logique de construction sociale et leurs sentiments d'idéalisme religieux, comme les pires ennemis de la République. Aussi bien la résolution de Robespierre se trouvait prise déjà à leur égard. La Convention n'hésita donc pas à accueillir favorablement l'appel de Taillefer et de Briard, et décida d'entendre un rapport sur les moyens les plus brefs « pour reconnaître et délivrer l'innocence et le patriotisme opprimés. » Le Comité désigna aussitôt, pour cette tâche, son rapporteur ordinaire, et Saint-Just, qui venait de quitter la présidence, étudia le problème, et s'efforça d'indiquer, par sa discussion, les principes d'immédiate action du Comité.

Il prononça sur cette affaire deux discours remarquables, superbes d'allure, tout étincelants de maximes sociales. Il s'agissait d'affirmer que le Comité respectait la Justice, défendait l'innocence, et se trouvait prêt à prendre toute mesure utile pour que ce respect et cette défense fussent plus efficaces encore. Mais il fallait aussi rappeler à la Convention qu'en présence d'une situation politique confuse et dangereuse, aussi bien que de difficultés extérieures dont la menace demeurait encore sérieuse, il serait étrangement prématuré de parler de clémence. La pitié demain, soit, lorsque la pitié sauverait des hommes, fussent-ils coupables ; mais aujourd'hui où la pitié perdrait le pays innocent, jamais. Le seul sentiment qui devait guider les représentants du peuple, en ces heures tragiques, c'était la Justice.

Cette seule constatation pouvait faire réfléchir les modérés. Elle semblait, en tout cas, ne viser que les extrêmistes, et l'habileté de Robespierre allait consister à s'allier Danton et ses amis contre Hébert, avant de les perdre définitivement eux-mêmes. La situation de Saint-Just apparaissait dès lors, parlementairement, excellente. Il en profita pour définir une politique rude d'effets et généreuse d'idéal. Le 8 Ventôse il prononça le premier de ses deux discours. Dès l'exorde, il donna un sévère avertissement à tous ceux qui tremblaient, et qui désiraient arrêter le cours de la Terreur. « Ce qui constitue la République, déclara-t-il alors, c'est la destruction totale de ce qui lui est opposé. On se plaint des mesures révolutionnaires : mais nous sommes les modérés, en comparaison de tous les autres gouvernements. » Il évoqua alors les terreurs monarchistes, la violence avec laquelle les autocraties cherchaient à étouffer sur leur territoire les idées de la Révolution. Pourquoi donc la France ne traiterait-elle pas les partisans de la tyrannie comme on traite ailleurs les partisans de la Liberté ? C'est chaque jour, à chaque heure, que de sombres attentats sont préparés contre la République. Et il faudrait choisir ce moment du danger pour instaurer le régime de la clémence ? La confiance même des ennemis de la Révolution commande la sévérité. Les Lois ? « La première de toutes les lois est la conservation de la République. » Mais le pire des dangers n'est-il pas dans cette habileté de politicien qui mise sur tous les tableaux pour désorganiser, pour énerver les gouvernements révolutionnaires ? « Il est une secte politique qui joue sur tous les partis. Elle marche à pas lents. Parlez-vous de la Terreur ? Elle vous parle de clémence. Devenez-vous clément ? Elle vous vante la Terreur. »

« La Monarchie n'est point un roi, elle est le crime ; la République n'est point un Sénat, elle est la Vertu. Quiconque ménage le crime veut rétablir la monarchie et immoler la Liberté. » La trahison est partout. Que faut-il pour l'anéantir ? La volonté. Et promenant son froid et lumineux regard sur les députés auxquels il peut donner ce conseil, lui, le jeune homme à la volonté terrible, il s'écrie : Osez ! Ce mot renferme toute la politique de notre Révolution. »

Osez ! Voilà la réplique du mot célèbre de Danton : « De l'audace ! » Seulement lui, Saint-Just, il a osé. Il a osé jusqu'à ne pas vouloir se souvenir que l'extrême pointe de la loi est injustice. Danton n'a pas osé, n'osera pas, s'est perdu dans les carrefours de la diplomatie. L'orateur n'a pas achevé la phrase que tous les Montagnards sont debout, l'acclamant, reconnaissant un chef. Et dès qu'il a terminé son discours, les applaudissements reprennent, unanimes un moment. Les tribunes mêlent à ces bravos répétés leur joie féroce. Les tricoteuses de Robespierre se pâment d'aise. Que de cœurs de femme devaient battre devant ce jeune vainqueur !

La Convention adopta aussitôt les dispositions prévues par le Comité de Salut public : la sûreté générale pourrait désormais libérer les patriotes emprisonnés sous réserve que ceux-ci seraient à même de faire preuve de leur civisme depuis 1789 ; les biens des adversaires de la Révolution seront séquestrés au profit de la République, et ceux-ci seront emprisonnés jusqu'à la paix, que devait suivre pour eux un bannissement perpétuel.

Un peu plus tard Saint-Just reprit la parole sur l'exécution même du décret. Il rappela qu'il valait mieux hâter la marche de la Révolution que d'être traîné à sa suite. C'est alors qu'il prononça ces admirables paroles : « Que l'Europe apprenne que vous ne voulez plus un malheureux ni un oppresseur sur le territoire français ; que cet exemple fructifie sur la terre : qu'il y propage l'amour des vertus et le bonheur. Le bonheur est une idée neuve en Europe. »

Le bonheur est une idée neuve en Europe. Cette phrase si simple et comme frissonnante semble l'aboutissement de tant de longues méditations. Elle s'ouvre sur l'avenir, alors que tant d'autres qu'il a prononcées ne servaient qu'à abattre du passé. Et c'est elle qui nous revient invinciblement en mémoire devant le beau portrait du Musée Carnavalet où le conventionnel revit, dans son habit bleu à boutons d'or, son grand col évasé, sa haute cravate. Les yeux regardent au loin et la bouche fine dit la jeunesse. Ce qu'il cherche vers l'horizon des jours, ce jeune homme, il ne l'atteindra pas : il n'aura que cette jeunesse et qui sera brisée. Mais avec cette phrase, nous allons plus loin dans le caractère de Saint-Just. Elle nous permet de trouver moins contradictoires cette sensibilité qui se révèle dans un certain nombre de ses pages et sa dureté extrême dans les affaires politiques. Pour réaliser le bonheur social, il faut abattre tous les obstacles : toute demi-mesure devient une trahison envers les malheureux. Calife Hakem, écrira Taine ? Nous venons de le voir préparer de terribles mesures générales dans les mêmes jours où il faisait signer la libération de François Thorin. Il est tout entier dans ce double geste, généreux dans les affaires personnelles, implacable pour tout ce qui touchait aux intérêts supérieurs de la Nation.

Cette fois encore il emporta l'assentiment de ses collègues. La Convention décréta que les biens mis sous séquestre seraient distribués aux indigents, et que les communes devraient dresser une double liste indiquant le nom des pauvres résidant sur leur territoire et celui des citoyens hostiles à la Révolution. Mais ces deux discours constituaient en réalité le prélude d'une action parlementaire plus active. Il allait être repris par la politique pure et jouer, par conviction, un rôle de premier plan dans cette lutte des partis qu'il déplorait doublement comme fratricide et comme fatale au pays.

Robespierre, en effet, méditait cette vaste et sanglante opération dont la réalisation devait remplir tout le mois de mars, mettre en jeu l'avenir de la Révolution, et, finalement, la ruiner en le perdant lui-même. Se débarrasser de ses adversaires de droite et de gauche, les confondre dans une même accusation meurtrière, voilà le problème qu'il s'est posé, l'action qu'il va poursuivre. Déjà, tandis que Saint-Just se trouvait en mission à l'armée du Nord, il stigmatisait du haut de la tribune, avec un vif à propos et son écrasante insolence, la faction ultra-révolutionnaire : « Faut-il reprendre nos forteresses ? Ils veulent prendre d'assaut les églises et escalader le ciel ; ils oublient les Autrichiens pour faire la guerre aux dévots. » Menace voilée, mais certaine. Les scandales de la déesse Raison, la sacrilège farandole des hébertistes en chasubles brandissant des calices qui se déroula devant l'Assemblée comme une frise démoniaque, avaient irrité, dégoûté son esprit foncièrement religieux. Au moment même où il méditait de faire décréter la fête de l'Être suprême, il voyait Gobel coiffé du bonnet rouge déposer sa crosse et sa mitre à la tribune, il voyait la déesse en manteau bleu, appuyée sur une pique d'ébène, surgir à la barre et tendre son front au baiser du président de la Convention. Comment hésiter encore ?

De ce plan, Saint-Just devait être un des exécutants les plus implacables ; il n'en était pas l'instigateur. Exécutant de bonne foi, d'ailleurs, et dupe, à de certains moments, comme il le fut lors du douloureux procès de Danton. Robespierre, qui se méfie de lui, ne l'aime pas, et dans ses rares éclairs confidentiels le compare à Charles IX, l'emploiera. Saint-Just, que certaines affinités, certains aspects de moraliste rapprochent de Robespierre, Saint-Just qui lui fournit des idées sociales et lui inspira certainement le culte de l'Être suprême, s'engagera avec franchise.

Avec quelles idées secrètes et divergentes ces deux hommes ont-ils aussi étroitement collaboré ? Leur chute a été trop rapide pour qu'il soit possible d'en décider. Mais puisque nous venons de parler de franchise, se trouvait-elle égale de part et d'autre ? L'ambition de Saint-Just était à longue échéance. Robespierre, toujours soupçonneux, vit-il dans son jeune collègue dont l'autorité grandissait dans la Convention à chaque discours, dont la popularité s'auréolait, dans le pays, de ses succès militaires, un rival immédiat possible, et qui n'admettrait pas, le cas échéant, le partage du pouvoir ? A la veille de Thermidor, au moment où ce suspect allait se compromettre irrémédiablement pour lui jusqu'à l'échafaud, le député de Paris, comptant ses amis, disait tristement chez les Duplay : « Je n'ai que mon frère, un enfant, et Couthon, un infirme. » Il ne nomma pas Saint-Just. Étrange éclair, dans cette soirée de lassitude et d'attente, qui éclaire un gouffre.

XII

De Janvier à Juillet, du jour où Robespierre, prenant prétexte de l'arrestation de Fabre d'Eglantine inculpé dans l'affaire de la Compagnie des Indes, dénonça les deux factions inspirées par l'étranger et travaillant à la dissolution de la Convention Nationale jusqu'au jour où lui-même succomba sous la conjuration des droitiers et des Montagnards, les événements se déroulent avec logique. La première grande entreprise politique de la Convention, l'écrasement du Fédéralisme par la défaite des Girondins et la consécration de l'Unité de la République, a été l'œuvre de la majorité de l'Assemblée. Ce fut sa force. La seconde, un essai de réalisation d'une République fondée sur la morale et la vertu, d'une sorte d'Etat janséniste, va être l'œuvre de trois ou quatre membres du Comité de Salut Public : ce sera sa faiblesse.

En réalité, que voulait Robespierre, au-delà du résultat prochain à atteindre, c'est-à-dire de la consolidation de son pouvoir ? Il ne faut jamais, avec lui, s'arrêter aux considérations du présent. Il regardait souvent par dessus ses lunettes. Songeait-il à la dictature ? Ce fut le grief que formulèrent ouvertement ses adversaires, faute de pouvoir avouer les raisons multiples et souvent pénibles de leur coalition, et d'autre part le haineux Fréron s'écriant, le 9 Thermidor : « Qu'un tyran est dur à abattre ! » exprimait l'opinion générale des indifférents. Avait-il cependant profité de cette sorte de dictature morale qu'il venait d'exercer pendant plusieurs semaines pour s'emparer du pouvoir, alors que les récents incidents survenus pendant la fête de l'Être suprême devaient lui faire entrevoir dans ce geste la seule possibilité de salut ? Sa tactique, dans l'hypothèse d'une telle ambition. devient désastreuse. Au moment critique, il cesse, en effet, de paraître aux séances du Comité de Salut public, laisse toute liberté aux intrigants, et s'efface. Éprouva-t-il le sentiment d'une tâche trop lourde dans un Comité divisé ? Mais la lutte oblique qu'il entreprit aux Jacobins contre ce même Comité paraît surtout une manœuvre destinée à obtenir une épuration décisive qui lui eût conféré la maîtrise. Recula-t-il, comme il devait reculer à la dernière minute, devant l'illégalité ? Mais, d'un côté, il avait éprouvé sa puissance sur cette Assemblée qui ne lui avait refusé ni cette loi de Prairial par laquelle ses membres se dépouillaient de leur inviolabilité, ni la tête de Danton et, de l'autre, il connaissait sa popularité immense — l'émotion de Paris lors de sa maladie toute récente la lui avait prouvée. Il laissa ses adversaires travailler en son absence la Convention, et lorsqu'il eut à s'appuyer sur le peuple, il eut ce scrupule de juriste parlementaire de considérer que le pouvoir résidait toujours dans la Convention. Il savait, encore, qu'en déclarant close l'ère de la Terreur, il eût redoublé son prestige, et cependant, après Fleurus, alors que le

système du Salut public ne se justifiait plus, il refusa
de rétablir la Constitution.

Voulut-il, seulement, exercer quelques mois de pouvoir absolu, s'emparer de la magistrature suprême pour
préparer l'avènement de la République idéale que
Saint-Just et lui fondaient sur la vertu ? Quelle autre
erreur de tactique, en ce cas ! Qu'il se fût débarrassé
des Hébertistes, anti-religieux et fanatiques, cette
exécution se conçoit. Mais des modérés ? Mais, surtout, de Danton ? Danton vivant, le 9 Thermidor
n'eût pas été une date historique. Appuyé sur cette
grande force, Robespierre eût résisté aux assauts de
Tallien, et la sonnette du président Thuriot n'eût pas
couvert la voix formidable du tribun de septembre
dressé pour sa défense. Craignait-il vraiment que les
modérés, par leurs mesures de pitié qu'il jugeait pré-
maturées, n'énervassent la vigueur du Comité de
Salut public, nécessaire à la délivrance de la Patrie ?
Mais ce parti, puissant dans le pays, demeurait sans
force parlementaire. Craignait-il que le mouvement
populaire en faveur de la clémence, déclanché par les
articles du Vieux Cordelier, ne portât Danton au
pouvoir ? Peut-être. Mais il n'a plus dans le jeu des
partis qu'un appui, et il le brise.

Fut-il seulement un théoricien, un philosophe
déiste, égaré dans l'action, uniquement préoccupé
de faire prévaloir sa conception du monde ? Un
inquisiteur en frac bleu ? Un moraliste sanglant ?
Dès que les têtes des Dantonistes ont roulé sur l'échafaud après celles des Hébertistes, il ne voit rien de
plus urgent que de faire reconnaître par l'Assemblée
l'existence de l'Être suprême et l'immortalité de
l'âme. Mais alors il est trop tard. La mort de ses vieux

ennemis lui en a suscité de nouveaux, et la chute des violents a éveillé la haine des lâches. Il faudra qu'il aille jusqu'au bout, qu'il épure encore. Jusqu'où ? Il ne le sait pas lui-même, hésitera à limiter le nombre des accusés futurs en les désignant par leurs noms et ce sera sa perte.

Ce qui frappe, au premier abord, dans ces événements rapides et terribles, c'est l'attitude des principales victimes. Les plus célèbres de ces accusés ne se défendent pas avant leur arrestation. Il semble qu'ils subissent un destin dont ils sentent le poids énorme et qu'ils savent invincible. Une aura tragique les enveloppe, une sorte d'impuissance inexplicable et subtile s'empare d'eux avant le bourreau. Leur sursaut d'énergie vient trop tard. « Ils n'oseront pas », répétait Danton qui, s'il eût reparu dans l'Assemblée, aurait pu sauver sa vie. « Au nom de qui ? » demanda Robespierre au moment de signer l'appel au peuple qui l'eût délivré. Avant chacune des grandes crises, il y eut dans le pays, il y eut dans l'Assemblée de grands silences d'orage. Ces funèbres prémonitions ne les émurent pas. Ces audacieux, ces hommes d'action, ces politiciens brutaux ou manœuvriers attendirent leur sort avec une résignation mystérieuse. Jamais l'on n'éprouve le sentiment du Destin comme en écrivant le récit de ces quelques mois.

Seuls, les Hébertistes ne montrèrent pas cette faiblesse. Dès qu'ils sentirent la menace, ils décidèrent d'agir. Ils le firent d'ailleurs trop théâtralement, voilant, aux Cordeliers, la Déclaration des Droits de l'homme qui présidait à leurs acrimonieux débats. Toutefois, ils essayèrent en même temps de pallier le choc, et d'amorcer de possibles conciliations. Le

14 Ventôse, aux Cordeliers, Hébert qui pourtant, le 21 Frimaire, avait essayé de parer l'accusation d'athéisme et fait l'éloge de l'Evangile, retrouva toute sa violence pour viser Robespierre, en rappelant que soixante-quinze Girondins avaient échappé à la guillotine. La lutte fut rapide et ne dura pas un décadi. Hébert comptait sur Paris, mais en vain organisa-t-il une vaste propagande, en vain ses séides inondèrent-ils les rues et les marchés de pamphlets et d'affiches : le Comité, sûr de sa propre force et de l'appui des modérés, déjà repoussé par Hébert, attendait l'heure propice. Le 22 Ventôse, Hébert, au Club des Jacobins, voulut, une fois de plus, se rétracter. Inutilement. Les griefs, tels que les établit l'acte d'accusation, demeurèrent confus : en vérité Robespierre, déjà prêt à réclamer le culte de l'Être suprême, visait dans les Hébertistes les pontifes sans-culottes des saturnales de la déesse Raison, les adversaires écumants de toute République vertueuse. Griefs confus, mais coups directs. Dès le mois de décembre, Anacharsis Clootz avait été exclu des Jacobins, et le 6 mars Barère avait donné un rude avertissement. Enfin, le 23 Ventôse, Saint-Just dénonçait le but identique de deux factions opposées, qui voudraient se rapprocher « pour étouffer la liberté entre deux crimes ». L'exagération était faible : il semble bien évident, en effet, que d'obscures tractations eurent lieu, engagées par les Dantonistes, mais brisées par *les enragés*. Puis il peignait, une fois de plus, les occultes menées de la trahison. Le Trésorier de la faction ? Le gouvernement anglais. Ses éléments actifs ? Les nobles, les étrangers, les hommes aussi qui se cachent sous un nom d'emprunt. « Il en est de même de ceux qui ont la modes-

tie d'usurper les noms des grands hommes de l'anti-
quité ; cette affectation cache un sournois dont la
conscience est vendue. Un honnête homme qui
s'avance au milieu du peuple avec l'audace et l'air
tranquille de la probité, n'a qu'un nom comme il n'a
qu'un cœur. » Et quel est le plan de cette tourbe de
masques ? « Il est dans le dessein de l'étranger de
diviser Paris contre lui-même, d'y répandre l'immoralité, d'y semer un fanatisme nouveau, sans doute
celui des vices et de l'amour des jouissances insensées. »
Donc, il faut, pour déjouer ce plan, dénoncer, poursuivre l'immoralité, et frapper ainsi les conspirateurs.
L'heure est unique. « Les rois d'Europe regardent à
leur montre. » C'est l'instant choisi par ces tyrans
pour achever de corrompre la nation comme un bois
longtemps taraudé, et de briser, par un assaut brusque,
un Etat secrètement vermoulu. Frapper les factions,
voilà donc le mot d'ordre. Toute faction est criminelle,
parce qu'elle tend à diviser les citoyens et à neutraliser
la puissance de la République. L'Europe un jour
prendra son vol vers la Liberté. Mais aujourd'hui la
trahison rampe des frontières. Et l'orateur annonce
que des étrangers viennent d'être arrêtés à Paris,
les poches lourdes d'or et de proclamations. Il faut
agir. Hésiter ? Pourquoi ? « On a le droit d'être audacieux, inébranlable, inflexible, lorsqu'on veut le
bien. » — « Peuple, punis quiconque blessera la justice, elle est la garantie du gouvernement libre...
Quoi ? Tout le sang de tes enfants morts pour la Liberté
aurait été perdu ?... Loin de toi ce tableau ! Ce n'est
plus que le sang de la tyrannie ; la République est
encore une fois sauvée ; prenez votre élan vers la
gloire. » Finalement il proposait que fussent déclarés

traîtres à la Patrie et punis comme tels ceux qui seront convaincus d'avoir favorisé dans la république un plan de corruption des citoyens, de subversion des pouvoirs et de l'esprit publics, d'avoir entravé l'arrivée des denrées à Paris, donné asile à des émigrés et à des conspirateurs, tenté d'ouvrir les prisons, d'ébranler ou d'altérer la forme du gouvernement républicain.

Ce discours ardent, très oratoire, très imagé, était extrêmement habile dans sa violence. L'impression en fut votée d'urgence, et Legendre réclama que des exemplaires en fussent distribués aux municipalités, aux armées, aux clubs, et que les fonctionnaires en donnassent lecture, chaque décadi, dans le Temple de la Raison. L'Assemblée obtempéra d'enthousiasme. C'est que ces phrases sonores exaltaient la vertu, le sentiment religieux et que, sous l'influence de Robespierre et de Saint-Just, sentiment religieux et vertu se trouvaient de plus en plus à l'ordre du jour. Le soir, au Club, la lecture de ce discours fut acclamée. Cependant il ne s'agissait pas, dans ces périodes adroites, que de morale et de civisme : l'orateur avait clairement désigné Hébert. « Quoi ?. Notre gouvernement serait troublé au point d'être la proie d'un scélérat qui a fait marchandise de sa plume et de sa conscience, et qui varie, selon l'espoir et le danger, ses couleurs comme un reptile qui rampe au soleil. » L'allusion était nette, l'ombre d'Hébert se profila derrière la tribune, et les conventionnels durent avoir la sensation d'entendre tomber le couperet.

Dans la même nuit, Ronsin, Hébert, Vincent, Momoro, le général Laumur étaient arrêtés, et Fouquier-Tinville annonçait l'imminente incarcération du banquier hollandais de Kock. L'argent étranger et les blasphèmes nationaux se trouvaient sous les verrous. Le procès ne traîna pas davantage, et dès le 1er Germinal, les Hébertistes notoires, auxquels se trouvaient « amalgamés », pour employer l'effroyable expression de l'époque, Anacharsis Clootz, Proli, Dubuisson, Péreira, devaient répondre, dans la grand'Chambre bleue et or où siégeait le Tribunal révolutionnaire, à l'accusation d'avoir voulu affamer Paris et rétablir la tyrannie. Sauf un médecin mouton, tous furent condamnés à mort. L'exécution fut hideuse, au milieu d'une foule immense. Les curieux avaient loué des places, traîné des tables pour ne pas perdre un détail. Des gamins furieux, en culottes rayées tenues par des ficelles, suivaient les charrettes, gouaillant : « Va voir l'heure au vasistas ! » et hurlant la phrase fameuse des crieurs du journal d'Hébert : « Il est bougrement en colère, le Père Duchêne ! » Ah ! Non, il n'était pas en colère, le Père Duchêne, pour sa dernière parade, mais effondré. Livide, suant, il fallut le hisser dans le « vis-à-vis de Sanson » et lorsqu'il descendit de voiture, qu'il vit la guillotine, le bourreau, les valets en veste rouge, il tomba sur le pavé, paquet grelottant, les yeux révulsés d'épouvante. Ses amis se tinrent mieux. L'ambassadeur du genre humain, le philosophe allemand et millionnaire, mourut avec fermeté, prêchant l'athéisme jusqu'aux marches de l'échafaud. Quand vint le tour d'Hébert, quand le malheureux, à demi-mort de peur, fut couché sur la planche, le cou dans la lunette, le bourreau s'amusa à baisser et relever trois fois le couteau avant de le laisser tomber, lui infligeant trois fois le frisson du trépas. Vingt jours plus tard Chaumette, Monseigneur Gobel, archevêque apostat, Marguerite-Françoise Goupil, ex-sœur de la Conception, femme Hébert, devaient marcher à leur tour au supplice. L'opposition de gauche était vaincue.

L'opération n'était peut-être pas de haute politique, mais, en ne l'envisageant que du point de vue de Robespierre et de Saint-Just, elle peut se défendre. La faction hébertiste constituait véritablement un danger sérieux pour la République disqualifiée par ses exagérations et justifiait par ses appels au meurtre juridique les dénonciations des émigrés. Elle aurait pu devenir plus dangereuse encore en s'opposant, l'heure de la pitié venue, aux indispensables mesures de clémence, et en s'emparant du pouvoir par une insurrection du genre de celle qu'elle préparait en Pluviôse et qui ne sombra que grâce à l'indifférence du peuple de Paris. Athée et sanglante, elle restait l'obstacle principal à l'instauration du système social et religieux qui s'esquissait. Mais le danger de sa suppression résidait dans ce fait qu'elle constituait un début, et que la chute d'Hébert préparait celle de Danton. Ce danger, Saint-Just ne le vit pas, et quand il monta à la tribune de la Convention pour y lire son rapport, ce fut, comme lorsqu'il décrétait aux armées quelque sévère mesure, avec la conviction absolue de sauver la République.

Il avait refermé son dossier. Mais dans les bureaux du Comité de Salut public, Billaud-Varennes, plus implacable que jamais sous sa perruque rouge, méditait obstinément les moyens d'exiger, d'obtenir une tête plus fameuse.

XIII

Les auteurs du procès de Danton écrivirent une des pages les plus pénibles, sinon la plus pénible de l'histoire révolutionnaire. Danton, un homme d'Etat. Robespierre, un idéologue politique. A eux deux, ce manieur de réalités et ce professeur d'absolu, ce diplomate et ce moraliste eussent pu organiser la Révolution : divisés, ils la perdirent.

Dès les premières escarmouches leurs amis communs eurent une vue très nette de la situation et s'efforcèrent de conjurer un éclat dont ils ne redoutaient que trop justement les suites. En vain : les dissentiments entre les deux hommes dataient de loin, et procédaient de causes irréductibles, de leur tempérament même. Certes, Robespierre, livré à lui-même, eût sans doute tenu simplement Danton à l'écart du Comité, et se fût contenté cet effacement politique, mais les fielleux ennemis de l'ancien ministre, les Billaud-Varennes, les Vadier, devaient aisément trouver les arguments propres à toucher leur collègue, à lui faire oublier le souvenir des luttes menées ensemble, les dettes profondes de l'amitié. Les adversaires personnels de Danton n'ont jamais livré le secret des discussions au cours desquelles ils l'emportèrent sur les scrupules, les hésitations de Robespierre, mais il leur eût suffi, pour vaincre hésitations et scrupules, d'irriter la sensibilité de ce dernier par la seule évocation de l'athée brutal et sensuel.

Cette chute politique de Danton datait de juillet. Il l'acceptait avec une large et dédaigneuse philosophie. Fort de l'appui des Jacobins qui l'acclamèrent quand il reparut au Club, il semblait se soucier peu des venimeuses critiques de Vadier ou de Mercandier. Mais il joua trop de sa carrure et de son mépris. Et puis cet être de chair et de passion venait d'être pris tout entier par un sentiment qui remplaçait, pour lui les réalités du pouvoir, lui donnait le sens, indispensable à sa vie, de la chaude plénitude. Il s'était remarié, en effet, avec une jeune fille de seize ans qu'il aimait au point de recevoir secrètement, sur son désir, la bénédiction nuptiale de l'abbé de Keravenant, prêtre insermenté. Dès lors ce violent fut livré : l'amour le hante, l'enivre, et l'assoupit. Il cache à la campagne, dans les fraîches magies de Choisy ou de Meudon, ses joies nouvelles. Une verdeur nocive, un printemps meurtrier emplissent son cœur d'homme. Il s'attable sous les grands arbres, à *la Fontaine d'Amour*, avec cette enfant vive et délicate, toute blonde en ses robes blanches. Il ne sait pas, ne veut pas entendre, qu'à Paris les calomnies vont bon train, que les habitués des cafés, mêlant les dominos ou croisant les pièces d'échecs, ricanent en parlant de lui, que les *enragés* déchiquètent sa réputation. L'hiver passa. Le printemps fut une adoration tremblante, les fleurs des marronniers tourbillonnaient en flocons roses jusqu'à la guillotine. A *la Fontaine d'Amour* Charpentier servait de fins soupers. Lui, pris aux entrailles par cet amour terrible du milieu de la vie, s'absorbait dans un songe délicieux. Mais parfois, en de soudains et rapides

réveils, il se laissait aller à de brusques sursauts politiques, qui, brefs et ramassés en phrases de tonnerre,
ne pouvaient qu'exaspérer ses adversaires, et qui,
jamais suivis d'actes, ne pouvaient pas le sauver.
L'orage grondait, mais la foudre ne tombait pas. Il
gardait sa foi en son prestige de tribun sanguin, de
manieur d'hommes, de puissance de la nature, sans
se douter que l'autre, l'eunuque, comme il l'appelait en
riant d'un gros rire trivial, gardait pour lui la puissance
de la ténacité froide, l'ascendant glacial de la peur.
Prévenu par des amis, il haussait les épaules. D'Arcis-
sur-Aube, un jour de colère, il avait fait dire à Robespierre, brutalement, qu'il rentrerait pour l'écraser.
Mais il vociférait ce message dans une prairie, le vin
luisant frais dans la source, au milieu de paniers de
victuailles, parmi des couples bigarrés. Et trop ou-
blieux, il ne rentrait pas. A Paris, on travaillait ferme
contre lui, d'astuce et d'autorité. Enfin il revint,
rencontra Robespierre, non pour l'écraser mais pour
le convaincre. L'entrevue n'amena pas de détente
sérieuse. L'étrange et dangereux Vadier, entre deux
débauches de vieillard, ricanait, sifflant horriblement
qu'il était temps de vider le gros turbot farci. Billaud-
Varennes insistait. Robespierre hésitait encore.

Il hésitait, soit qu'il fût retenu par le souvenir, soit
qu'il sentît confusément le péril d'un tel coup d'audace. Il eût, à vrai dire, préféré en terminer avec la
faction dantoniste sans perdre Danton lui-même.
Son attitude, en ces derniers jours de la crise, s'explique d'ailleurs difficilement. D'une part, il résiste
aux harcèlements de Billaud-Varennes ; d'autre part,
il rédige, ou revoit, les notes féroces qui vont servir
à la condamnation. Jouait-il double jeu ? Qui pour-

rait le dire ? Il tergiversa jusqu'à la fin, puis, l'acquiescement terrible lâché, marcha violemment à fond. Rappel du mot de Marie-Thérèse : « Faites, mais faites vite... » ?

Un moment Danton crut à sa revanche triomphale. Hébert arrêté, il monta à la tribune, et tout frémissant d'éloquence, demanda à l'Assemblée de ne pas s'effrayer de l'effervescence du premier âge de la liberté : « Elle est, clama-t-il, comme un vin fort et nouveau qui bouillonne jusqu'à ce qu'il soit purgé de toute son écume. » Et, de cette voix puissante qui faisait frissonner ses auditeurs, il assura la Convention que si les passions personnelles devaient encore ouvrir un abîme pour cette liberté, il s'y jetterait le premier. L'enthousiasme fut énorme. Ruhl présidait. Le vieux Montagnard, le farouche briseur de la Sainte-Ampoule, descendit du fauteuil, et, dans d'unanimes applaudissements, embrassa l'orateur. Faiblement, le vent sembla tourner. Mais Robespierre veillait. Il fit libérer son policier Héron, arrêté par l'ordre de la Convention. Un dernier effort de conciliation eut lieu cependant et, sur une démarche de Vilain d'Aubigny, Humbert, haut fonctionnaire du Ministère de la Guerre, traita à sa table les deux adversaires. Sous les candélabres qui éclairaient Legendre, Deforgues, Sellier, ils purent se regarder une dernière fois, le moraliste gelé, et le sanguin verbeux, le sensuel débraillé qui trouvait la vie bonne, aimait largement, franchement, l'or, les femmes, les vins et devait jeter à son commensal, en un éclat de rire funèbre, un legs cynique. Malgré les embrassades de Danton, sa verve prenante, ardente, ce repas lui fut fatal. Robespierre comprit mieux encore que, dans le monde moral, il habitait aux antipodes du tribun, et, froidement, il se déroba.

Danton revint à Sèvres. Le soir, il recevait des amis, Camille Desmoulins, Thibaudeau. Assis dans son lourd fauteuil, devant les dernières flambées, chaussé de bottes de carton qui le préservaient de la chaleur, il causait, affirmait sa confiance, tandis que sur le tapis jouait en riant son jeune neveu. Scènes familiales, toutes chaudes de la douceur de vivre ! Il ne savait pas qu'il était condamné. L'arrestation, dès le 25 Ventôse, de Hérault-Séchelles et de Simond, accusé d'avoir caché des personnes suspectes, ne l'avait pas éclairé. Et cependant, Saint-Just, pour justifier cette mesure prise contre deux membres de l'Assemblée, avait déclaré : « Nous avons pensé que dans une circonstance telle que celle où nous nous trouvons, la Convention se devait d'être inflexible, s'honorer de faire respecter ses décrets par ses membres avec la même rigueur dont elle userait envers tout autre. » Brusque jet de lumière rouge sur l'avenir. Au lendemain du diner chez Humbert, Robespierre avait cédé aux instances véhémentes, réitérées une fois de plus, de Billaud-Varennes et de ses comparses. Il fut alors décidé que Saint-Just établirait le rapport et que les Comités de Salut public, de Législation et de Sûreté générale en seraient inopinément saisis. Au moment d'agir, conscients de la difficulté de l'opération et peut-être incertains des réactions possibles dans l'Assemblée et dans le peuple, Robespierre et Billaud-Varennes comprirent en effet, qu'il leur fallait s'appuyer sur le gouvernement tout entier. Saint-Just accepta cette procédure, et les conjurés s'engagèrent à garder un secret absolu.

Saint-Just fut sincère. Sur la foi de Robespierre, en qui vraiment il gardait toute sa première confiance, il crut Danton coupable. Nouveau venu, en somme, sur la scène politique, il manquait d'éléments d'accusation suffisamment précis : Robespierre les lui fournit, en notes acrimonieuses, sournoises, calomniatrices et qui devaient emporter sa conviction d'accusateur public. Nous avons ces notes : elles sont tout le réquisitoire. Saint-Just n'eut plus qu'à les colliger, à leur infuser une vie sombre, à les faire palpiter en phrases obscures. Il le fit avec une conviction profonde, sans acrimonie personnelle, et celui des accusés qu'il chargea le moins fut celui qu'il détestait le plus, Camille Desmoulins. Sans doute, en lui glissant ces données suspectes, Robespierre se répétait-il la phrase que Carnot devait prononcer plus tard : « Une tête comme celle de Danton en entraîne beaucoup d'autres. » Une telle décision prise, la plus élémentaire précaution forçait en effet les accusateurs à marcher jusqu'au bout, sans une défaillance, sous peine de succomber. Le scandale de l'étouffement du procès naîtra de cette logique de la peur. A cette heure, Robespierre est responsable. Saint-Just ne l'est pas encore. Il s'attaque à des puissants de l'heure, et veut les attaquer en pleine lumière : s'il échoue, ne sera-ce pas lui qui montera à l'échafaud ? Il porta le coup hardi avec froideur et courage. Mais, au fond, et pour une seule fois, quand Saint-Just parle, c'est Robespierre qui se fait entendre.

Danton soupçonna bien, sur les indications de quelques amis, l'élaboration du rapport de Saint-Just. Il ne put y croire. Toucher au Ministre de septembre, à l'orateur des grandes journées, ce serait réellement toucher à la Révolution elle-même. Il ricanait, regardant sa tête dans les miroirs, et la déclarant solide sur ses épaules. Il revint à Paris avec sa jeune femme. Le vert printemps baignant d'arômes la Cour du Commerce et, de sa fenêtre, cet athée brutal, détournant son regard du triple clocher de Saint-Germain-des-Prés, s'enivrait de l'immense ciel bleu en songeant qu'il ne luit que pour les vivants. Dans son bureau du Comité, seul, patient, secret, Saint-Just annelait ses phrases, burinait au vitriol d'effrayants portraits de suspects, et filait en lames d'acier polies et luisantes les arguments de son immense rapport.

Le soir du 10 Germinal, les membres des Comités de Salut Public, de Législation, et de la Sûreté Générale furent mandés au pavillon d'Egalité. Ils arrivèrent, inquiets de cette réunion insolite, mais sans prévoir — sauf quelques avertis, — pour quelles responsabilités à prendre on les réunissait ainsi. La nuit était tombée, un grand feu brûlait dans la cheminée. Saint-Just étala ses papiers, en commença lentement la lecture.

Les auditeurs, atterrés, mais intimidés par la véhémence du réquisitoire, l'écoutèrent en silence. Et puis Saint-Just lisait si admirablement, il mettait une telle conviction dans l'exposé de sa thèse, que plusieurs des membres du Comité durent se demander avec effroi si ce violent n'avait pas raison. Devant l'audace de l'entreprise, le désarroi s'insinuait dans la salle. La voix de Saint-Just scandait toujours les phrases. Enfin, il se tut. Tout d'abord personne ne répliqua. Puis Carnot fit remarquer le danger d'un tel coup de force, mais Billaud-Varennes s'emporta,

demanda l'arrestation immédiate. Saint-Just réclama,
au contraire, que Danton ne fût arrêté qu'au cours
de la séance, après lecture du rapport. Il voulait
vaillamment attaquer de front le tribun, et, de fait,
tout son réquisitoire, rempli d'apostrophes directes,
de questions personnelles, tout ardent d'un tutoie-
ment farouche, s'adresse à un accusé présent, qui
va se lever, répondre, défendre sa tête. Et quelle
magnifique et poignante séance — la plus tragiquement belle sans doute de la Convention — que celle
où ce débat formidable se fût déroulé devant l'assemblée, que celle où devant les représentants du peuple,
Robespierre et Danton eussent joué leur vie !.. Le
sinueux Vadier s'y opposa, fit valoir des raisons de
prudence. Soudain la discussion devint d'une âpreté
terrible. Les ombres de ces conjurés dansaient aux
murailles. Saint-Just, ivre de rage froide, jeta au feu
son chapeau, et déjà déchirait les feuillets du rapport.
Brusque, quelqu'un cria dans le tumulte : « Tu peux,
Robespierre, courir la chance de la guillotine. Mais si
Danton ne l'est pas, nous le serons ! » C'était le mot
de la peur. Il l'emporta. D'avoir écouté sans tressaillir
ce rapport, tous se sentaient coupables et solidaires.
Les membres des trois Comités, interrogés, opinèrent
pour l'arrestation immédiate. Seuls, Ruhl, se souve-
nant d'avoir serré Danton dans ses bras à la tribune,
et Robert Lindet, refusèrent de signer l'acte d'accusation, ce dernier, commissaire aux subsistances,
ajoutant à son refus ce mot ironique « que sa mission
était de nourrir les citoyens et non de les tuer. » Hypo-
critement précautionneux, Barère contrefit son écri-
ture en rédigeant l'acte. Ruhl s'empressa de faire
prévenir Danton. Le jour naissait, les oiseaux chan-

taient dans les Tuileries. A six heures, Danton était arrêté. Il attendait les gendarmes, assis au coin du feu. Camille Desmoulins, Philippeaux et Lacroix le rejoignirent presqu'aussitôt à la prison du Luxembourg. La prédiction de Vergniaud se réalisait : la Révolution, comme Saturne, dévorait ses enfants. Encore quelques semaines, et le sinistre ensevelissement sera consommé.

La nouvelle consterna Paris. Un instant, le gouvernement put craindre des troubles. De noirs attroupements se formaient. Dans les couloirs, les députés se communiquaient fiévreusement les nouvelles. A onze heures, Tallien montait au fauteuil, ouvrait la séance. Une sorte d'émeute parlementaire grondait. Assis à son banc, gourmé, secret, immobile, un peu crispé malgré sa rude assurance de tacticien, Robespierre entendait sans qu'un frémissement de son masque eût trahi qu'il écoutait, ces sourdes protestations encore éparses — les premières, mais qui se renouvelleraient, qui redoubleraient autour de lui à la fête de l'Etre suprême, qui couvriraient enfin sa voix, dans une autre séance mémorable. Saint-Just n'était pas là. Incorrect et véhément, Legendre parut à la tribune pour exprimer la douloureuse surprise de ses collègues. L'assemblée semblait indécise, prête à se révolter, à défendre ses prérogatives, consciente tout à coup, comme devant le déchirement d'un voile, de sa déchéance. Mais Robespierre parla. L'épouvante saisit à nouveau ces hommes. Il parla, laissant planer le doute sur la foi politique des protestataires. Legendre balbutia. Tallien, impassible au fauteuil, manqua d'audace, la confusion s'empara des députés. Alors Saint-Just parut.

Plus grave que jamais, l'âme sanglante comme l'œillet qui le fleurissait, il traversa la salle, monta lentement à la tribune. Il regarda cette assemblée, déjà terrifiée, déjà prête à l'abdication et commença, de sa voix froide, la lecture du réquisitoire ; de sa main gauche, il tenait ces feuillets que, la nuit même, il voulait lacérer, et de la droite, il coupait l'air d'un geste régulier, monotone, meurtrier : « La Révolution est dans le peuple, disait-il, et non dans la renommée de quelques personnages. » La clémence aura son heure, mais il faut un exemple encore. « Puisse cet exemple être le dernier que vous donnerez de votre inflexibilité envers vous-mêmes. Puissiez-vous, après les avoir réprimées, voir toutes les factions éteintes et jouir en paix de votre puissance légitime et du respect que vous inspirez. » La force de la justice le pousse à parler ainsi. « Il y a quelque chose de terrible dans l'amour de la patrie ; il est tellement excessif qu'il immole tout sans pitié, sans frayeur, sans respect humain, à l'intérêt public. » Puis, dans une galerie toute frémissante de colère et d'ironie, il passe en revue les factieux eux-mêmes, brosse leurs portraits amers.

Danton, l'homme que d'aucuns considèrent comme sacré, proclament, non sans véhémence, le tribun de la République, Danton, l'auxiliaire secret de la tyrannie, il le prend à parti nommément, le tutoie dans un tête-à-tête formidable. Il comptait, lorsqu'il rédigea son réquisitoire, voir à son banc l'adversaire qu'il attaquait avec cette âpre violence, et le foudroyer directement. Mais Danton s'emportait dans quelque cellule du Luxembourg, invisible, reclus déjà dans la sphère de la mort, et cette apostrophe à un fantôme

prenait quelque chose d'effrayant et de douloureux...
« Danton, s'écriait l'accusateur, tu répondras à la
justice inévitable, inflexible. Voyons ta conduite
passée, et montrons que, dès le premier jour, complice
de tous les attentats, tu fus toujours contraire au parti
de la liberté, et que tu conspirais avec Mirabeau et
Dumouriez, avec Hébert, avec Hérault-Séchelles. »

« Danton, tu as servi la tyrannie ! Tu fus il est vrai,
opposé à La Fayette, mais Mirabeau, d'Orléans,
Dumouriez lui furent opposés de même. Oseras-tu
nier d'avoir été vendu aux trois hommes les plus
violents conspirateurs contre la liberté ? »

Il l'accuse d'avoir permis l'élection de Philippe
Egalité ; d'être responsable, pour avoir apposé sa
signature au bas de la pétition du Champ-de-Mars,
de la mort de deux mille patriotes ; d'avoir été lié
avec Lameth ; d'avoir défendu la Gironde et soutenu
Dumouriez ; d'avoir conspiré avec Wimpfen ; d'avoir
accepté de mauvais gré la révolution du 31 mai ;
d'avoir été l'inspirateur des articles de Camille Desmoulins et de Philippeaux, enfin d'avoir compté sur
Westermann pour soutenir militairement la conspiration ; puis, il évoqua les célèbres dîners de la rue
Grange-Batelière avec des anglais ; les soupers qui le
réunissaient aux Gusmann, à Mme de Sainte-Ama-
ranthe, au fils de Sartines, à Lacroix. « C'est là, disait-
il, de sa voix glaçante, que se sont faits quelques-uns
de ces repas à cent écus par tête. » Sans doute, à cette
évocation, Tallien, Barras devinrent-ils songeurs, l'un
dans son fauteuil présidentiel. l'autre à son banc de
député.

Implacable, l'orateur continuait. Il rappelait l'avis
de l'ambassadeur d'Espagne écrivant quelques mois

plus tôt : « Ce qui nous fait trembler, c'est le renouvellement du Comité de Salut public. » — « Tu en
étais Danton ! Tu en étais, Lacroix ! »

Maintenant il accuse un à un les complices.
Il trace de Camille Desmoulins un portrait moins
appuyé, moins féroce, bien qu'il rapporte perfidement
un propos de Danton sur la vie intime de l'auteur du
Vieux Cordelier ; mais, pour lui, Camille Desmoulins,
ondoyant et faible dans ses violences primesautières,
fut dirigé par Fabre et par Danton, qui se servirent
de son orgueil : ainsi conseillé, il défendit les adversaires de la Révolution, proposa l'instauration d'un
Comité de clémence, fut un défenseur de Dillon.
L'orateur s'attaque ensuite à Hérault-Séchelles dont il
dénonce la liaison avec Dubuisson, et l'infraction
grave qu'il a commise à la loi contre le recel des émigrés ; à Lacroix, qu'il montre comblé de richesses
suspectes ; à Philippeaux, qui combattit et diffama
le Comité de Salut public ; à Fabre d'Eglantine enfin.
« Ce parti, comme tous les autres, dénué de courage,
conduisit la Révolution comme une intrigue de théâtre : Fabre d'Eglantine fut à la tête de ce parti. Il
n'y fut point seul, il fut le cardinal de Retz d'aujour-
d'hui. » — « Fabre fut royaliste de tout temps dans le
fond de son cœur : il dissimula comme les autres,
parce qu'il était lâche. Ce fut dans la journée du
10 août que les clubs des différents partis royalistes
se montrèrent à découvert... Fabre continue à sauver Duport. Il avait eu avant le 10 août des intelligences avec la Cour, il se prétendait le confident de
toutes les intrigues des Tuileries : beaucoup de gens
lui ont entendu dire qu'il jouait la Cour : il est très
vraisemblable qu'il jouait tout le monde... »

Mais, fidèle d'ailleurs à sa tactique ordinaire, Saint-Just ne s'arrêta pas à cette formidable galerie d'accusés. Il fit planer ses menaces sur des citoyens encore libres, et prévoir des procès futurs. « Il y eut alors un parti chargé par l'étranger de corrompre la République, d'y lancer la guerre civile par des opinions brusquement énoncées ou soutenues par la violence. Un ami de Chaumette dit dans une société populaire de la Nièvre qu'il allait arriver, le temps où l'attachement d'un père pour son fils, où le respect filial, seraient punis comme des attentats à la liberté naturelle des êtres. Une société populaire livrée à Chaumette osa censurer votre décret sur les cultes, et louer dans une adresse l'opinion d'Hébert et de Chaumette, Fabre soutint ici ces opinions artificieuses. On attaqua l'immortalité de l'âme qui consolait Socrate mourant. On prétendait plus ; on s'efforça d'ériger l'athéisme en un culte plus intolérant que la superstition.

« On attaqua l'idée de la Providence éternelle, qui sans doute a veillé sur nous. On aurait cru que l'on voulait bannir du monde les affections généreuses d'un peuple libre, la nature, l'humanité, l'Être suprême pour n'y laisser que le néant, la tyrannie et le crime. »

« Puissent les patriotes qui couvrent la France s'aimer assez pour ne rien faire qui attire de nouveaux troubles dans la Patrie ! Que les Français honorent la raison, mais que la Raison n'oublie pas la Divinité. » Paroles significatives, qui marquent bien la position définitive de Saint-Just, et qui viennent à l'appui du système dont Robespierre prépare l'immédiate application. Mais l'orateur passa aux généralités, à l'appel final élargi : « Pour vous, après avoir aboli les factions, donnez à cette république de douces mœurs ; rétablissez dans l'état-civil l'estime et le respect individuel. Français soyez heureux et libres ; aimez-vous, haïssez tous les ennemis de la République, mais soyez en paix avec vous-mêmes. La liberté vous rappelle à la nature, et l'on voudrait vous la faire abandonner. N'avez-vous point d'épouses à chérir, d'enfants à élever ? Respectez-vous mutuellement. Et vous, représentants du peuple, chargez-vous du Gouvernement suprême, et que tout le monde jouisse de la liberté au lieu de gouverner. La destinée de vos prédécesseurs vous avertit de terminer votre ouvrage vous-mêmes, d'être sages et de propager la justice sans courir à la renommée, semblables à l'Être suprême qui met le monde en harmonie. Sans se montrer, le bien public est tout, mais pour la renommée elle n'est rien. Barnave fut porté en triomphe sous vos fenêtres. Où est-il ? »

« Ces jours du crime sont passés. Malheur à ceux qui soutiendraient sa cause ! Sa politique est démasquée ! Que tout ce qui fut criminel périsse. On ne fait point de République avec des ménagements, mais avec la rigueur farouche, la rigueur inflexible envers tous ceux qui ont trahi. »

Le geste terrible de hache que faisait la main droite s'arrêta. Saint-Just plia les feuillets. Domptée par la voix froide et le regard d'un bleu glacé, l'Assemblée donna au rapport sa complète approbation. Legendre, étranglé de peur, s'expliqua. Et Robespierre pouvait dire justement, au sortir de cette désastreuse séance : « Il faut convenir que Danton a des amis bien lâches. » Le même soir, Saint-Just parut aux Jacobins, qu'il fréquentait beaucoup moins depuis quelques mois.

Couthon prononça une allocution farouche, et Legendre, terrifié pour des jours et des jours par la phrase
de Robespierre qui lui pesait sur la nuque se disculpa
encore. Puis Saint-Just lut à nouveau son rapport.
Ce fut un triomphe sanglant, un noir orage de cris et
d'applaudissements. Comment n'eût-il pas été dupe ?
Vainqueur de Danton, il se voyait approuvé, justifié
par les déclarations de Robespierre et les acclamations
du peuple.

Tout n'était pas fini. Repris d'une fièvre d'énergie
devant l'échafaud entrevu, Danton et ses amis se
défendaient. Camille Desmoulins rédigeait dans son
cachot un pamphlet brusque comme un coup de sang,
hurlant qu'on lui laisse seulement deux jours pour se
défendre, pour composer le numéro 7 de son journal.
« Comme je confondrais M. le Chevalier de Saint-Just !
Comme je le convaincrais de la plus atroce calomnie !
Mais Saint-Just écrit à son aise, dans son bain, dans
son boudoir, et médite pendant quinze jours mon
assassinat. Et moi, je n'ai point où poser mon écritoire ! Je n'ai que quelques heures pour défendre ma
vie ! Qu'est-ce autre chose que le duel de l'Empereur
Commode qui, armé d'une excellente lame, forçait
un ennemi à se battre avec un simple fleuret garni de
liège ? » Peut-être, griffonnant ces lignes amères, songeait-il, le malheureux, à la chaude journée d'été où,
monté sur une chaise, une feuille verte pour cocarde,
il entraînait le peuple à la Révolution. Dans la grand'-
chambre encombrée d'une foule frémissante, Danton,
malgré la sonnette du président Herman, tonna une
défense pathétique, d'une tragique grandeur. Fouquier-Tinville, qui, blême sous son chapeau à plumes,
les sourcils aigus, roulé dans son manteau, se curait

les dents et prenait des notes, s'inquiéta, écrivit à Saint-Just, lui communiqua la révélation d'un détenu, le sieur Laflotte. Saint-Just rédigea en hâte un second et féroce rapport dépassant toute mesure, déchirant toute justice, dont il soumit le texte aux membres des deux Comités et qui permettait la mise hors débat des accusés lorsque le jury se déclarait suffisamment éclairé. Puis, se rendant sans plus attendre à la Convention, il peignit l'exaltation dangereuse des accusés et, utilisant la dénonciation de Laflotte, évoqua la conspiration des prisonniers décidés à l'émeute en faveur des Dantonistes.

« L'accusateur public, déclara-t-il, a mandé que la révolte des coupables avait fait suspendre les débats de la justice jusqu'à ce que la Convention ait pris des mesures. Vous avez échappé au danger le plus grand qui jamais ait menacé la liberté ; maintenant tous les complices sont découverts, et la révolte de criminels au pied de la justice même, intimidés par la loi, explique le secret de leur conscience ; leur désespoir, leur fureur, tout annonce que la bonhomie qu'ils faisaient paraître était le piège le plus hypocrite qui ait été tendu à la Révolution.

« Quel innocent s'est jamais révolté devant la loi ? Il ne faut pas plus d'autre preuve de leurs attentats que leur audace. »

« Non, la liberté ne reculera pas devant ses ennemis. Leur coalition est découverte... Nous vous remercions de nous avoir placés au poste de l'honneur ; comme vous, nous couvrirons la Patrie de nos corps. »

« Mourir n'est rien pourvu que la Révolution triomphe ; voilà le jour de gloire. Voilà le jour où le Sénat

romain lutta contre Catilina ; voilà le jour de consolider votre prestige... »

« Les malheureux ! Ils avouent leur crime en résis-
tant aux lois : il n'y a que les criminels que l'équité
terrible épouvante... Est-ce par privilège que les
accusés se montrent insolents ? Qu'on rappelle alors
le tyran, Custine et Brissot du tombeau, car ils n'ont
point joui du privilège épouvantable d'insulter leurs
juges. »

Véhémence qui sonne faux, et que nous ne pouvons
pardonner à Saint-Just. Comment parlait-il de la
révolte de criminels intimidés par la loi ? Et ne savait-
il pas, en disant que les seuls criminels sont épouvantés
par l'équité, ne savait-il pas que précisément Danton
et ses amis en appelaient à l'équité de leurs juges et
réclamaient la régularité de la procédure ? Mauvaise
page, et que l'on voudrait arracher de l'œuvre oratoire de Saint-Just. Injustice, et que l'on voudrait
biffer de sa vie. Mais la nécessité l'emporta. Après
ces phrases violentes qui consacraient et aggravaient
la déloyauté d'un procès, Billaud-Varennes lut le
procès-verbal de la déposition du délateur. Là-bas,
dans la grand'chambre, Vadier et Amar se tenaient
derrière les juges noirs. Cette fois, la peur, l'atroce
peur avait saisi ces hommes. L'acquittement de
Danton impliquait, en sinistre logique, leur propre
mort. Qu'importe : nulle justification n'est possible
du décret de mise hors des débats. La peur explique,
mais n'absout pas. L'Assemblée souscrivit à tout.

Une telle injustice ne suffit pas encore. D'autres
irrégularités deviendront nécessaires. Les jurés, entrés
dans la salle des délibérations, hésitaient. La personnalité puissante de Danton, sa défense habile et gran-

diose, les avaient, malgré tout, profondément remués.
Et puis tant de souvenirs allaient tomber sous le
couperet ! Cet homme, tout de même, avait sauvé
la Patrie... Certes, le réquisitoire de Saint-Just,
habile, frappant à coups redoublés sans que s'élevât,
en réponse, la voix de la défense, avait porté sur
l'Assemblée. Mais les jurés frémissaient encore d'avoir
entendu Danton réclamer l'audition de ses accusateurs et protester contre une procédure d'exception,
tonnant, prodigieux comme la Révolution elle-même.
Et puis, où allait-on ? Quelles charrettes suivraient
demain celles que réclamait aujourd'hui Fouquier-
Tinville ? Et qui demeurerait debout pour s'opposer
à une dictature déjà annoncée, redoutée ? Le bruit se
répandit dans les couloirs que l'acquittement devenait
possible. L'effroi redoubla. Alors Herman, accompagné
de Fouquier-Tinville, entra dans la chambre des
délibérations, et remit aux jurés une pièce secrète.

Quel était ce document ? Les historiens en sont
réduits, sur ce point, à de difficiles conjectures. Quelques-uns ont parlé d'une lettre dévoilant les démarches faites auprès de Danton, et qu'il n'aurait pas
écartées, pour sauver la reine. D'autres ont fait allusion à la preuve écrite d'une entente avec l'ennemi.
En tout cas, la production de cette pièce jetée dans
la discussion du jury fut décisive. Danton et ses
coacusés furent reconnus coupables.

Une joie féroce éclata dans le clan de Billaud-Varennes et de Robespierre. Et c'était, cependant, ce
verdict, le prélude de la fin de la Révolution. Quelques
mois, quelques semaines, et ce même Billaud-Varennes,
ce même Vadier, ce même Amar, abattront Robespierre, ouvriront l'ère des trafics louches, de la pourri-

ture morale, et du coup de force de Brumaire. Danton l'avait bien compris, et dut mourir avec la certitude qu'il entraînait avec lui dans la tombe et dans le passé cette République qu'il servit malgré les désordres de sa vie privée, malgré ses lourdes fautes politiques, avec un violent génie. Ses rugissements cyniques de la fin, sa gouaille suprême, sont la formidable ironie d'un homme débordant de force, qui se sentait l'un des maîtres de l'avenir, et qui, succombant, se venge de l'injustice par un grand rire macabre.

Saint-Just put s'affirmer satisfait. Pour d'autres raisons que Robespierre et plus intellectuelles, il n'aimait pas Danton. Epris d'absolu, il goûtait peu ce politique habile, évoluant dans le relatif, habitué à des ménagements et à des arrangements larges et cordiaux ; esprit religieux, jeune homme « d'une pudeur farouche », il réprouvait ce jouisseur qui, jusque dans sa réponse à l'interrogatoire du président Herman, se déclarait joyeusement athée. Mais, il faut y revenir, appuyer sur ceci qui ressort de l'examen des faits : la plus large responsabilité de ce procès où il apporta cependant une passion si forcenée, ne retombe pas sur lui. Il poursuivit Danton, mais sur la documentation précise de Robespierre ; il l'abattit, au mépris de toute procédure, mais avec la complicité de l'Assemblée. Danton, qui l'avait déjà traité d'écolier, rugit, pendant son procès : « Saint-Just, tu répondras des calomnies lancées contre le meilleur ami du peuple ! » Parole prophétique, mais où tout n'est pas justice. Dupe de Robespierre, dupe de Fouquier-Tinville, Saint-Just, en ces heures d'épouvante, crut sauver la Révolution. Au moment même où le Tribunal rendait sa sentence de mort, l'implacable accusateur déclarait à un de ses collègues timorés : « Encore quelques châtiments et le règne de la clémence va être mis à l'ordre du jour. » Hélas ! Ce règne-là ne s'ouvrira qu'après plus de vingt ans de meurtre légal !

Ce fut un soir de chaude lumière, dans le triomphe du printemps. Une foule innombrable emplissait les rues, la place de la Révolution, une foule silencieuse que fendaient trois charrettes rouges encadrées de gendarmes. Fabre d'Eglantine songeait à sa comédie de *Philinte*, dont il disait : « Fouquier-Tinville pourra faire tomber ma tête, mais non ma pièce. » Hérault-Séchelles attendait que, d'entre certains volets, une main de femme lui adressât un tendre adieu. Danton, formidable, dominait le peuple : devant la maison des Duplay, il insulta Robespierre, lui fixa un funèbre rendez-vous. Au tournant de la rue, ils virent les milliers de têtes. Devant le cabaret de la guillotine, près du pont, des curieux montaient sur des chaises.

Le bourreau avait hâte. Danton mourut le dernier. Quand il parut sur l'échafaud, le soleil se couchait. Son ombre robuste se profila sur la statue de la Liberté. Une seconde, évoquant sa jeune femme, il étouffa un sanglot, dernière protestation de la chair, puis gronda : « Allons, Danton, pas de faiblesse ! » Et, superbe, il marcha vers la bascule, les pieds dans le sang, sous la mort du soleil.

Un coup sourd. Inconnu, humble dans la foule, l'abbé de Kéravenant récitait, pour l'athée dont tombait la tête, la prière des agonisants.

XIV

La disparition des minorités extrémistes par ces deux sombres procès qui provoquèrent des réactions de colère ou de peur, aboutit indirectement à la réorganisation du gouvernement révolutionnaire. Des bruits sinistres circulaient. Legendre et Bourdon de l'Oise purent annoncer à la Convention, en s'appuyant sur des lettres anonymes, que des scélérats se proposaient de massacrer Robespierre et Saint-Just. L'émotion parlementaire fut considérable.

Les décrets et la guillotine fonctionnaient brutalement. Le Comité supprima le Conseil exécutif provisoire et les ministères, et les remplaça par douze Commis dont il se réserva l'étroite surveillance ; et comme cette suppression du Conseil et des Ministères entraînait quelque relâchement dans l'expédition des affaires administratives, Saint-Just fit prendre un arrêté constatant que les agents des ministères étaient moins sensibles à l'intérêt public qu'à leur intérêt personnel, et prescrivant que tout fonctionnaire qui aura compromis le service sera traité selon la rigueur des lois.

Cependant il s'agissait là de réorganisation purement administrative, et de détails de gouvernement. Les mouvements de l'opinion publique, provoqués

par le redoublement de la Terreur, et sans doute aussi
par les secrètes et habiles manœuvres de procéduriers
de la trahison, donnaient aux membres du Comité
de plus hauts et de plus réels soucis. La disparition
de Danton et d'Hébert avait débarrassé le gouvernement de ses adversaires, mais en l'affaiblissant lui-
même, et les plus clairvoyants tenaient de plus en
plus pour certain que de graves difficultés se préparaient. L'immédiat instinct de conservation commandait d'y parer sans plus attendre. Le Comité décida
donc de prendre des mesures propres à épurer la
morale publique, et chargea Saint-Just d'un rapport
sur la police générale et l'influence morale et politique
du gouvernement révolutionnaire.

Il semblait vraiment chaque jour davantage que les
chefs du pouvoir voulussent identifier le gouvernement
à la vertu et démontrer que ses ennemis, tous scélérats et corrompus par définition, incarnaient, ne
pouvaient incarner que l'immoralité. Tout était,
d'ailleurs, pendant ces journées sanglantes, à la
vertu et à la sensibilité. Certains l'avaient textuelle-
ment déclaré, à l'heure même où tombait la tête de
Danton, en réclamant que les députés fussent tenus de
justifier de leur fortune. Les manifestations à grandes
phrases et douces larmes se succédaient. Le 25 germinal, la veille du jour où Saint-Just devait lire son
rapport, la veuve de Jean-Jacques, remariée à un
palefrenier, se présentait à la barre de la Convention,
accompagnée d'une députation de la Société républicaine de la commune de Franciade. Cette Société
réclamait le transfert au Panthéon des cendres de
Rousseau, et l'orateur exposa l'émotion qui saisit
ses collègues en voyant la veuve de l'auteur du *Con-*

trat social prendre place dans leurs rangs. « Aussitôt nos âmes s'ouvrirent aux douces impressions de la sensibilité, nos yeux se mouillèrent des larmes du plaisir, et nos cœurs s'élancèrent avec rapidité vers le buste de cet homme immortel. » Tout également est à la religiosité. Renchérissant sur cette harangue, le conventionnel Jean Debry déclara : « Au moment où l'énergie de la représentation nationale vient de déjouer une faction qui, par le dogme affreux de l'athéisme, voulait nous ramener sous le joug du despotisme, il est de la dignité de faire transférer au Panthéon celui qui, au milieu des persécutions du fanatisme et de la tyrannie, trouve toujours un asile et un refuge dans l'idée consolante de la Divinité. » Telle était l'atmosphère lorsque, le 26 Germinal, la séance s'ouvrit par la lecture, que fit Barère, de la proclamation de représentants du peuple français aux Gênois pour leur expliquer le passage, sur le territoire de Gênes, des troupes de la République en marche vers la ville d'Oneille. Barère annonça ensuite la prise d'Oneille, « ce repaire de brigands du roi Sarde », puis la saisie d'un certain nombre de bâtiments ennemis. La Convention décréta aussitôt que l'armée d'Italie avait bien mérité de la Patrie.

Barère assis à son banc, Saint-Just prit la parole. C'est ici l'extrême pointe de son audace révolutionnaire. Il n'ira pas au-delà. Nous le verrons blâmer la loi de prairial, refuser son concours à de nouvelles dénonciations. Il ne reprendra la lutte que lorsqu'il s'agira de se sauver lui-même ou de périr.

Il ne suffit point d'avoir détruit les factions, expliqua-t-il, il faut encore réparer le mal qu'elles ont fait à la Patrie. Comment restaurer la Monarchie, sans

persuader au peuple qu'il est très malheureux ?
Telle fut la tactique. Aussitôt, avec son sens très
net des réalités sociales, l'orateur posa la question
sur le plan économique. Si l'on examine de près les
événements, l'on s'aperçoit vite qu'un plan de famine
s'est déroulé depuis Necker, contre la liberté. « Nous
vous avons dévoilé les factions, elles ne sont plus,
mais elles ont passé comme des orages, et nous ont
laissé des plaies douloureuses qu'il faut guérir. » Et,
magistralement, il brossa le tableau de ces misères,
du système de discrédit des assignats, après que les
titulaires des charges remboursées se furent procuré
des denrées. Il rappella que Fonfrède et Ducos « ont
été les plus grands corrupteurs de notre commerce :
ils répandirent dans le Midi la crainte de traiter avec
Paris. Paris ne commerça plus qu'au comptant, ne
trouva plus aucun crédit dans les villes maritimes. »
— « Croiriez-vous qu'un commerçant de Paris est
obligé d'envoyer au Havre ses fonds avant le départ
des marchandises ? Hébert acheva de répandre sur
le commerce de Paris une telle défaveur qu'on ne
voulait plus entendre parler d'approvisionner cette
grande et généreuse ville. » Plus de lettre de change.
Tous vivaient comme des sauvages, sans confiance et
sans bonne foi. « Paris est devenu l'objet de spéculations de l'étranger, on ne pouvait obtenir la perte de
la liberté que par la perte de Paris ; on l'a brouillé
avec les ports de mer et les pays de production. »
On a fait plus ; des agents des factions ont mis en
réquisition, sur les routes, les rouliers et les voitures
qui amenaient des marchandises à Paris. Voilà quelques-unes des causes de la disette. « Les mêmes
moyens qui tendaient à la famine tendaient à la

corruption du droit public. » Le fédéralisme détruit le pays. Chaque partie de l'Etat, dans ce système politique, est isolée d'intérêts et de rapports, tombe en dissolution, et Paris, placé au centre de la République, qui ne vivait que de productions lointaines, est obligé de capituler avec les villes maritimes. » Voilà le plan, il n'est pas abandonné. Il faut qu'il le soit : pour cela, il faut le détruire par l'abondance ; il faut abattre le fédéralisme par une police sévère. Il devient donc indispensable de rechercher dans toute l'étendue de la République les instruments et les complices des factions.

Les modérés ont abusé du mot révolutionnaire. Hébert perdit contenance le jour qu'il dénonça les indulgents. Ronsin, qui possédait quarante chevaux, soupait à Passy avec des aristocrates. Danton ménagea Dumouriez, dont il était le complice. « Cet homme horrible favorisait tous les méchants ; il vivait dans les délices, il était l'ennemi de tous les conseils vigoureux, et il se prétendait aussi révolutionnaire. »

Et ici, traçant son devoir à la Convention, Saint-Just traça un portrait enlevé du révolutionnaire. « Il sait, disait-il, que pour que la Révolution s'affermisse, il faut être aussi bon qu'on était méchant autrefois. (Et sans doute il y a là une excessive stylisation de l'histoire, mais n'est-ce point là déjà la conception romantique de Hugo ?) La probité n'est pas une finesse de l'esprit, mais une qualité du cœur, et une chose bien entendue. Marat est doux dans son ménage et n'épouvantait que les traîtres. Jean-Jacques Rousseau était révolutionnaire et n'était pas insolent sans doute. J'en conclus qu'un homme révolutionnaire est un héros de bon sens et de probité. » *Le Moniteur* constate ici des applaudissements unanimes et réitérés, les députés ayant la satisfaction d'acclamer un portrait dont ils ne pouvaient pas, sous peine de trahison, douter qu'il ne fût le leur propre.

« Ne vous attendez pas, reprit-il, à d'autre récompense que l'immortalité. Je sais que ceux qui ont voulu le bien ont souvent péri : Codrus mourut précipité dans un abîme, Lycurgue eut l'œil crevé par les fripons de Sparte que contrariaient ses lois dures, et mourut en exil. Phocius et Socrate burent la ciguë ; Athènes même, ce jour-là, se couronne de fleurs ; n'importe, ils avaient fait le bien : s'il fut perdu pour leur pays, il ne fut point caché pour la Divinité. »

Il dit, et son beau regard perdu semble fixer, si proche, l'échafaud de Thermidor. Ceux qui l'acclament sur cette dernière phrase, comment voteront-ils dans trois mois ?

Oui, le fédéralisme est plus hideux encore, si possible, que la guerre civile. Cependant le commerce manquait de crédit, les clients achetaient au jour le jour, les lettres de change ne multipliaient plus les valeurs et les moyens. Les aristocrates se glissaient dans les rassemblements, aiguisaient les esprits. Et de trop nombreux fonctionnaires ne punissaient même plus les abus.

En réalité, la police a reposé jusqu'ici sur de faux principes. On a cru facilement qu'elle était un métier de sbires. Nullement. Rien n'est plus loin de la sévérité que la rudesse, rien n'est plus près de la frayeur que la colère. La police a flotté trop souvent entre ces écueils. « Elle devait discerner les ennemis du peuple, ne les point ménager, ne les point craindre. Trop souvent elle fit le contraire. Au lieu de se conduire avec fermeté et dignité, elle agissait avec froideur ou imprudence, et compromettait la garantie sociale par la violence et l'impunité. » Les fonctionnaires chargés de la police ne faisaient pas leur devoir, et corrompaient l'esprit public. « L'esprit n'est pas le mot, mettez conscience. Il faut s'attacher à former une conscience publique, voilà la meilleure police. »

Il y a eu relâchement non seulement de la police, mais des tribunaux. Certes, après les exemples que la Convention a donnés, les juges n'avaient pas d'excuse. La Convention a été sévère. Elle le savait. « Que serait devenue une République indulgente contre des ennemis furieux ? Nous avons opposé le glaive au glaive, et la liberté est fondée ; elle est sortie du sein des orages ; cette origine lui est commune avec le monde sorti du chaos et avec l'homme qui pleure en naissant. »

Il faut que la République, héritière de l'Empire romain qui rougirait de ses autres successeurs, soit gouvernée par la justice. Alors, elle commandera le respect.

L'Etat sous les factions ? Plus d'amitié. La terreur, les crimes, les fonctionnaires craignant de déplaire à des partis plus puissants que l'autorité nationale. Partout de l'ambition. « Ambitieux ! Allez vous promener une heure dans le cimetière où les conjurés et le tyran dorment, et décidez-vous entre la renommée qui est le bruit des langues, et la gloire qui est l'estime. »

Vous espérez persuader par votre faiblesse ? Jamais vous ne contenterez les ennemis du peuple. Il faut qu'ils périssent. Chassez-les ! L'univers les recueillera. N'avons-nous pas, nous autres, le salut public pour loi suprême ? Et toujours l'objurgation de la volonté,

de l'audace : « Vous vaincrez si vous voulez vaincre.
Vous serez respectés si vous voulez l'être. »

Pour cela, il est indispensable de s'occuper sérieuse-
ment de la police d'Etat, et d'exercer une censure
très rigide sur les ennemis de la Révolution et sur les
autorités publiques. Sur les autorités. Custine voulait
discipliner l'armée en fusillant les soldats ; ce sont les
chefs qu'il faut discipliner. Il en est de même dans
l'Etat politique. Déjà, d'ailleurs, la besogne est avan-
cée : « Que d'espérances l'autocratie a perdues en un
mois ! La justice distributive pendant un mois encore,
et la République changera de face, l'abondance
renaîtra. Mais le moment est venu de tirer du sommeil
tous les dépositaires de l'autorité publique.

« Favorisez la justice de toute votre puissance :
elle seule rétablira nos affaires. »

« Formez les institutions civiles, ces institutions
auxquelles on n'a point pensé encore ; il n'y a pas de
liberté durable sans elles. Elles soutiennent l'amour
de la patrie et l'esprit révolutionnaire, même quand
la révolution n'est plus : c'est par là que vous com-
mencerez la grandeur de vos vues, et que vous hâterez
la perte de vos ennemis en les montrant difformes à
côté de vous. »

« C'est ainsi, je vous le répète, que vous fonderez
un puissant empire avec l'audace du génie et la puissance de la justice et de la vérité. »

Et Saint-Just proposa, au nom du Comité de Salut
public, un projet de décret. Il s'agissait de rechercher
promptement les complices des conjurés, d'instituer
des commissions populaires, d'obliger toutes les
administrations et tous les tribunaux civils à terminer
dans les trois mois toute affaire pendante ; d'inter-

dire à tous les ex-nobles et à tous les sujets de puissances ennemies d'habiter Paris, les places fortes et les villes maritimes pendant toute la durée des hostilités, sous peine d'être mis hors la loi dans le délai d'un mois ; d'obliger les citoyens à signaler les discours inciviques et les actes d'oppression ; de donner aux seuls Commissaires aux vivres le droit de réquisition ; de déporter à la Guyanne, s'il n'est ni sexagénaire, ni infirme, tout oisif qui se plaint de la révolution ; de distribuer des récompenses et des indemnités aux fabriques et manufactures. Enfin la Convention devra nommer dans son sein deux commissions de trois membres, l'une chargée de rédiger en un code succinct toutes les lois en vigueur, l'autre chargée de rédiger un corps d'instruction civile.

Décret draconien, mais dont on sentait qu'il était préparé par un homme de bonne foi. Sur son banc de député, Levasseur devait éprouver le sentiment qu'il traduira plus tard dans ses Mémoires, et se répéter : « qui, en regardant Saint-Just avec terreur, oserait dire : Je ne l'estime pas ? »

Rühl demanda aussitôt que le rapport fut traduit et imprimé. Bréaud déclara que le délai d'un mois imparti pour la mise hors la loi des ex-nobles et des étrangers était excessif et proposa huit jours. Bourdon fit observer que certains nobles étaient patriotes, et que plusieurs appartenaient à l'Assemblée, à quoi Couthon rétorqua que les députés ne pouvaient être exclus de l'Assemblée que par un décret formel. La discussion se poursuivit avec âpreté et Bréaud remarqua qu'elle se perdait dans le détail. Enfin le décret, mis aux voix, avec les amendements, fut adopté. Alors Barère se leva, et lut une nouvelle liste

de six vaisseaux pris à l'ennemi que le Ministre de la
Marine venait de recevoir. La terrible séance finissait dans un vent de victoire.

Saint-Just était descendu de la tribune, une fois
de plus, au milieu des acclamations. Il pouvait regarder, du haut des marches, l'Assemblée en tumulte,
les députés applaudissant, les tribunes bondées de ces
patriotes en carmagnole, de ces tragiques tricoteuses,
de tout ce peuple violent, coloré, farouche, qui murmurait quand il entrait dans la salle : le voilà... et se
levait pour mieux le voir. Il ne remontera ce bref
escalier que le 9 thermidor.

Il ne manquait guère de séances au pavillon de
l'Egalité, où son implacable intransigeance le faisait
redouter. C'est ainsi que, dans les premiers jours de
Floréal, il dénonça avec des accents de colère les
membres du Comité chargés de la conduite de la
guerre, leur reprochant leur attitude dans des affaires
de poudre et de salpêtre. La discussion prit cette
fois un ton de férocité. Robespierre se rangea du côté
de Saint-Just, mais Carnot se défendit âprement. Le
Comité fut effrayé de cette scène, qui lui parut le
symptôme d'une désagrégation prochaine.

Dans le même temps, sa vie personnelle se modifiait,
s'assombrissait. Depuis son retour de l'armée du
Nord, ses sentiments à l'égard d'Henriette Le Bas
avaient évolué. Une froideur, une sorte de brouille
séparait les deux fiancés. Ni les lettres de Le Bas à
sa sœur, trop vagues et procédant par allusions, ni les
explications proposées par certains historiens, trop
fragiles et reposant sur des invraisemblances, ne
permettent d'en préciser les raisons. On pourrait
inférer de certaines phrases de la correspondance de

Le Bas que la rupture vint de Saint-Just, mais ne semblerait-il pas plutôt, si, préparant son départ pour l'armée, le jeune homme s'est vraiment écrié qu'il allait se faire tuer, que ce fut Mlle Le Bas qui reprit sa parole ?

Préparant son départ. En effet, le Comité le désignait à nouveau, dans ce même début de Floréal, comme représentant du peuple à l'armée du Nord. Il quittait précisément l'hôtel des Etats-Unis, son petit cercle d'amis, la bonne hôtesse qui garda de son pensionnaire le souvenir d'un jeune homme poli, doux, serviable, et n'eut que le temps d'aménager l'appartement modeste qu'il avait loué au 3 de la rue Caumartin. Le 10 Floréal, il reprenait la route de Lille, accompagné de Le Bas, de son ami Thuillier, et de son secrétaire Dunoyer, ancien maître d'études d'une pension de la rue de la Harpe que lui avait recommandé Georges Duval. Le 11 au matin, ils arrivaient à Noyon. Saint-Just alla jusqu'à Blérancourt, y passa quelques heures charmantes — et qui nous apparaissent poignantes —, avec sa mère, seule maintenant, loin de ses filles mariées et de son fils député, dans la vieille maison de la rue aux Chouettes, devant le jardin à la charmille noire. Il a vingt-six ans, et c'est la dernière fois qu'il embrasse sa mère, c'est le dernier regard qu'il jette à tout ce bref passé si rempli, à ces arbres, à la voûte de sombre feuillage sous laquelle il promena tant de grands rêves sévères, aujourd'hui réalisés. Tout près, recluse malgré le printemps, une jeune femme divorcée songe peut-être, elle aussi, à ce même passé qui fut toute sa vie.

Le 12, il rejoint Noyon, et part avec ses compagnons de route pour Réunion-sur-Oise. C'est dans cette

petite ville, que, conscient de l'immense et invisible
réseau d'intrigues jeté sur toute cette région du
Nord, il dit froidement : « Il est temps que les cimetières plus que les prisons regorgent de traîtres. » Si
Courtrai et Menin sont enlevés, Landrecies est perdu.
Il faut reprendre, continuer vigoureusement la besogne
commencée trois mois auparavant. Aussitôt les décrets
sont signés, comme à Strasbourg, comme à Lille et
zèbrent les murs de subites menaces. Trois préoccupations immédiates : terrifier les traîtres et les spéculateurs, rétablir la discipline, donner à l'armée une
tenue morale.

Les traîtres, les spéculateurs ? Des magistrats du
peuple à Landrecies ont été assassinés par les troupes
autrichiennes au mépris du droit des gens :

« Le général Pichegru fera arrêter sur l'heure, par
représailles, les nobles et magistrats de Menin, Courtrai
et Beaulieu, et les enverra sous bonne garde à Péronne
pour y être détenus et gardés sous la responsabilité du
Commandant. »

A Réunion-sur-Oise, le 14 Floréal
An II de la République française,
une et indivisible. »

Le lendemain, nouvel arrêté qui décidait que les
agents ou partisans de l'ennemi qui se trouveraient
dans l'armée du Nord, ou près de cette armée, ainsi
que les agents prévaricateurs des administrations
militaires seraient fusillés en présence de l'armée.

La discipline ? — Saint-Just et Le Bas se préoccupent des tribunaux militaires qui devront poursuivre
les infractions, et répondront de l'impunité de tous

ceux, chefs ou soldats, qui auront violé la discipline.
Tout soldat devra rester au camp. L'entrée du quartier
général est interdite, sous peine de mort, à tout militaire qui n'appartient pas à la garnison et à l'état-
major. Seuls deux permissionnaires par corps seront
désignés chaque jour pour porter les demandes au
quartier général, et dans aucun cas les permissionnaires ne pourront coucher en ville, sous peine d'un
mois d'emprisonnement.

Les mœurs ? — Les représentants en mission interdisent aux femmes de mauvaise vie l'entrée des
camps, obligent les officiers à renvoyer leurs maî-
tresses. Enfin, de sévères mesures sont prises contre
les maisons de débauche et les maladies vénériennes.

Parallèlement à cette réorganisation intérieure de
l'armée, Saint-Just s'occupa des opérations militaires.
Une correspondance active et précise se poursuivit
entre les deux représentants et Carnot qui, malgré
leurs récentes et violentes divergences politiques,
conservait à Saint-Just toute son estime de techni-
cien. Il fut arrêté à la suite de ces échanges de vues
entre le quartier général et le pavillon de l'Egalité
que les troupes attaqueraient sans répit l'adversaire,
et que la droite de l'armée des Ardennes tenterait,
comme première opération, le passage de la Sambre.
Pichegru commandait en chef, ayant pour adjoints
Desjardins, Kléber et Shérer. Les débuts, malgré
l'entrain des soldats, demeurèrent indécis, et si quelques bataillons enfoncèrent les Autrichiens, l'armée
ne put traverser la rivière. Saint-Just, intraitable,
n'accepta pas ce demi-échec, et décida que l'offensive
reprendrait immédiatement avec pour objectif, cette
fois, le passage de la Sambre, l'occupation des bois de

la Bonne-Espérance et la prise de Binches. Il marcha lui-même au milieu des troupes qui, le 1er Prairial, traversèrent la Sambre sur plusieurs points. Mais l'ennemi réagit avec fureur, par contre-attaques successives, et les avantages acquis ne furent pas conservés. Saint-Just, d'accord avec ses collègues, prit à ce moment de dures mesures contre les chefs de la cavalerie, dont l'inertie ou la maladresse avaient entraîné le recul. Il n'en fit pas moins au Comité de Salut public l'éloge de l'armée dans une lettre que Barère lut à la Convention au cours de la séance du 5 Prairial. Il agissait d'ailleurs comme le véritable maître des opérations, et Pichegru, recevant une dépêche officielle adressée au Commandant en Chef, la lui tendit sans l'ouvrir, en disant : « Quand vous êtes ici, c'est vous qui commandez l'armée. »

Mais, le 6, par quelques lignes mystérieuses, lourdes d'angoisse, le Comité de Salut public rappelait à Paris les deux représentants. « Chers collègues, disait la lettre, la liberté est exposée à de nouveaux dangers, les factions se réveillent avec un caractère plus alarmant que jamais... On craint un soulèvement aristocratique, fatal à la liberté. Le plus grand des périls qui la menacent est à Paris. Le Comité a besoin des lumières et de l'énergie de tous ses membres. Calcule si l'armée du Nord, que tu as puissamment contribué à mettre sur le chemin de la victoire, peut se passer quelques jours de ta présence. Nous te remplacerons jusqu'à ce que tu y retournes. »

Un effort considérable se préparait pour mettre le siège devant Charleroi, et Saint-Just désirait mettre au point, avant son départ, certains détails de l'offensive projetée. Il pria donc Le Bas de le précéder à

Paris. Lui-même demeura à l'armée jusqu'au 15 Prairial. Il travailla, pendant ce répit, avec une ardeur inlassable, examinant des plans, reconnaissant le terrain, payant de sa personne, et risquant même, le 9 Prairial, d'être fait prisonnier tandis qu'il se rendait aux avant-postes à Merbes-le-Château. Mais quand il partit à son tour, il avait réorganisé le commandement et préparé l'attaque. L'armée de la Moselle, celle des Ardennes, une partie de celle du Nord, formaient un ensemble puissant, un front continu. Jourdan secondait Pichegru. Saint-Just pouvait se rendre, en pleine conscience, à la convocation du Comité de Salut public. Depuis cinq jours le canon tonnait vers Charleroi.

XV

Descendu de la chaise de poste, Saint-Just se rendit, en hâte, au pavillon de l'Égalité. Il trouva ses collègues dans la fièvre, inquiets, soupçonneux et divisés. Il questionna Robespierre, alla droit au fait. En présence des essais de soulèvement constatés par la police, soulèvements stipendiés par l'étranger et exploités par des fripons, le Comité sentait la nécessité de déposer à la Convention un nouveau rapport général sur les factions, et, désirant pour cette tâche difficile un rapporteur vigoureux, inflexible, capable de porter un coup décisif aux séditieux, comptait une fois de plus sur son dévouement.

Saint-Just refusa. Sincère, parce que renseigné, dans son rapport contre les Hébertistes, sincère, parce que dupe, dans son rapport contre Danton, cette fois il s'inquiéta. Hé quoi ? De nouvelles arrestations ? De nouvelles hécatombes ? Sans doute se jugea-t-il plus utile à la République sur le front du Nord. Il se trompait. Le Comité s'inclina, et chargea du rapport Elie Lacoste, ce membre du Comité de sûreté générale qui, dans quelques semaines, sera l'un des plus violents thermidoriens.

Pendant le bref séjour qu'il fit à Paris, Saint-Just put entrevoir combien se trouvait difficile déjà, à certains égards, la situation politique de Robespierre. Une offensive sournoise, impossible à définir encore tant elle ralliait de rancunes diverses, tant elle obéissait à des mobiles opposés, se dessinait à la Convention, et dans le Comité même, contre celui que les chefs occultes de cette opposition dénonçaient comme le futur dictateur. La coalition des peurs arrivait à former un courage prudent. En réalité, Robespierre, par sa sévérité envers les concussionnaires, s'était attiré d'abord, peu dangereuse, la haine des tripoteurs, mais il avait suscité depuis peu, péril bien plus sérieux, l'épouvante de quelques exaltés criminels, en obtenant le rappel de certains députés en mission que leur toute puissance précaire et momentanée avait rendu sadiques. Ceux-ci — Barras, entre autres, et Fréron, Fouché, Tallien, — vivaient maintenant dans une sorte de peur glacée. D'autres, qui se sentaient surveillés, comme l'affreux Le Bon que Robespierre avait publiquement promis à la guillotine, se méfiaient. Les principaux de ces proconsuls sanglants avaient d'ailleurs voulu jouer au plus fin, s'étaient efforcés de fournir des explications. Vainement. Barras, après ses brutalités marseillaises, essaya de fléchir Robespierre. Mais celui-ci, lui ayant accordé audience pendant sa toilette, l'écouta en s'habillant, silencieux, le regard invisible sous les lunettes vertes, et Barras, de plus en plus mal à l'aise, n'obtenant pas un mot, descendit, terrifié, l'escalier des Duplay. Tallien, qui passait dans Bordeaux en voiture découverte, aux côtés de Thérèse Cabarrus à peine vêtue, coiffée d'un bonnet rouge et s'appuyant élégamment sur une pique, vint, portant beau, le supplier de libérer sa maîtresse ; mais Robespierre, renseigné par son jeune admirateur

Julien, opposa aux affirmations de l'ancien satrape
bordelais le même effrayant silence qu'à celles de
Barras. Quant à Fouché, athée par politique, couvert
du sang de Nevers et de Lyon, complice de Chaumette
dans le sacrilège et de Collot d'Herbois dans le crime,
il ne tenta nulle démarche, mais, plus habile, fit la
cour à Mlle Robespierre, vieille fille acariâtre à laquelle
il cacha soigneusement son mariage, et, dans le même
temps, s'ingénia sournoisement à grouper les mécon-
tents et les lâches. Certes, soutenu par le Comité,
Robespierre eût résisté à cet assaut serpentant, mais
dans le Comité même la division s'accentuait. Saint-
Just voyait avec tristesse deux partis se dessiner,
l'un influencé par Billaud-Varennes qu'appuyait Carnot ; l'autre dirigé par Robespierre, aidé de Couthon.
Dans une telle atmosphère, les discussions s'enveni-
maient rapidement. Lui-même eut une violente alter-
cation avec Prieur (de la Côte d'Or) et Carnot. Comme
celui-ci se défendait âprement, Saint-Just s'emporta
jusqu'à lui crier :

« C'est toi qui as partie liée avec les ennemis des patriotes.
« Sache qu'il me suffirait de quelques lignes pour dresser
« ton acte d'accusation et te faire guillotiner dans deux
« jours ! »

Carnot le regarda, impavide, et répliqua :

« Je t'y invite, je provoque contre moi toutes tes rigueurs.
« Je ne te crains pas, ni toi, ni tes amis. Vous êtes des
« dictateurs ridicules. »

Saint-Just, furieux, clama :

« Je réclame ton expulsion immédiate du Comité. »

« Tu en sortiras avant moi, Saint-Just, répliqua tragiquement Carnot, qui, se tournant vers Robespierre et Couthon, déclara :

« Triumvirs, vous disparaîtrez ! »

Saint-Just se leva et sortit, la porte claquant. Tous les membres du Comité demeuraient immobiles autour de la table, comme foudroyés. Robespierre s'évanouit. Carnot, habile, et préparant sans plus attendre la parade au coup qu'il prévoyait, demanda brusquement la mise en accusation de Robespierre et la dissolution de la Commune. Le Comité recula, et l'incident n'eut pas de suite. Mais de telles scènes épouvantaient les membres du Comité qui voyaient dans ces violences personnelles de durs présages. A plusieurs reprises, il fallut fermer les fenêtres de la salle, les éclats de voix arrêtant vers les Tuileries les passants étonnés.

Le 19 Prairial dans la soirée, Saint-Just repartit pour l'armée du Nord. Il devait emporter, lui aussi, de ces quelques journées, de sinistres pressentiments.

Cependant le siège de Charleroi présentait de rudes difficultés. La ville, bien close de remparts, protégée par des frises, des redoutes, des demi-lunes, presque cerclée de vastes inondations sournoisement tendues sur la plaine, et couronnée, dès que les assiégeants approchaient, de toutes les fumées d'une grosse artillerie, dressait sa géométrie militaire sur le cours de la Sambre, entre les hauteurs boisées de Dametz, de Marcinelle, et de Martigny, dans ce pays charbonnier creusé de sapes naturelles, de souterrains miniers propres aux traîtrises. Mais la possession de Charleroi ouvrait la Belgique et permettait l'offensive, prônée par Saint-Just, vers Bruges et la mer. L'ordre du Comité de Salut public était formel : prendre la place.

Dès le début de l'attaque, les généraux Desjardins et Charbonnier, chargés de l'affaire, s'étaient trouvés démunis des pièces de siège et des officiers d'artillerie indispensables. Dans ces conditions, et de l'avis des chefs d'artillerie et du génie dont les vues se trouvaient partagées par le conseil de guerre, un blocus risquait de se prolonger et la situation, lorsque Saint-Just arriva devant la bastille, paraissait médiocre. Le jeune représentant se fit rendre un compte exact des opérations effectuées en son absence. Les troupes avaient passé la Sambre, et sur le net refus du commandant de Charleroi de se rendre, ouvert la tranchée. Un feu assez vif avait provoqué des incendies dont les généraux, des hauteurs voisines, suivirent les effets. Les parallèles promptement creusées, avaient rapproché de la ville les compagnies d'assaut. Mais subitement, l'armée autrichienne, marchant en hâte sur Charleroi, entrait dans la ville, et repoussait l'armée française au-delà de la Sambre. Peu de jours après, Joseph II, dans une parade impériale et militaire, inspectait la place. Les représentants du peuple s'étaient alors accordés pour mettre le général Jourdan à la tête de l'armée d'investissement.

C'est à ce moment précis que Saint-Just rejoignait ses collègues Guitton et Levasseur. Il s'installa au quartier général de Marchiennes-au-Pont. Jourdan l'estimait fort, le jeune représentant du peuple ayant obtenu que les dix-huit mille hommes dont Carnot avait promis le renfort à Pichegru restassent sous les ordres du général chargé d'attaquer Charleroi. Le député et le commandant de l'armée de siège collaborèrent donc étroitement. Saint-Just fit destituer deux chefs malheureux, et procéder à des avancements dus au mérite. Vers ce même moment, pour arrêter net tout abus, il fit verser dix mille livres à une demoiselle Bonten par des officiers qui avaient obligé la jeune fille à suivre à pied pendant soixante lieues la voiture de son père, chargé du ravitaillement.

Il prit la décision de repasser la Sambre et donna des ordres pour que tout le matériel, fascines et gabions, soit amené rapidement à pied d'œuvre. Le 24 prairial, à l'aube, les troupes, commandées par Jourdan, traversent la rivière sous le feu de l'ennemi, et reprennent leurs travaux d'approche. Le général Hatry, chargé des opérations d'investissement, fait alors avec ses collaborateurs techniques une reconnaissance de la place. Les troupes sont vibrantes d'enthousiasme, se dévouent ardemment. Les sapeurs démolissent les défenses ennemies, creusent des tranchées, poussent avec colère les préparatifs de l'assaut. Mais de nouveaux renforts autrichiens apparaissent, et malgré la résistance acharnée des assiégeants, percent encore les lignes et entrent dans la ville. Une deuxième fois, les troupes françaises perdent la berge nord.

Saint-Just rage à froid. Le 29, il exige que l'armée se porte au-delà de la Sambre. Les munitions manquent. On attend en grognant. Le 30, au matin, les habits bleus, en longues colonnes, traversent sans trop de difficultés les ponts. Pour la troisième fois, l'armée arrive sous Charleroi, mais trouve la plaine bouleversée, tous les travaux préparés déjà saccagés. Saint-Just insiste encore pour l'offensive immédiate. Les officiers du génie se mettent à l'œuvre : il faut emporter à tout prix cette maudite bastille, tapie au creux de la plaine noire. Dans les bois des alentours, des hommes de corvée fabriquent fiévreusement des fascines.

Le 1er Messidor, une brume dense favorise d'abord la marche des colonnes d'attaque, puis les assiégés ripostent à pleines batteries. Le 2, les travaux sont poussés. A des manœuvres simulées au monticule de Montigny répondent les sorties des troupes autrichiennes. Le duel d'artillerie se précipite : dans la lueur blanche des explosions, les parapets noirs sautent. Les canonniers sont des recrues, presque des enfants, et donnent de tout leur cœur, mais avec maladresse, la fureur dans le regard et les ongles saignants. Le 3, les tranchées effleurent la place. Le 4, le commandant du génie Marescot fait occuper une redoute, d'où il menace utilement un des postes ennemis, et le capitaine des sapeurs Lambert campe sur Montigny une batterie de deux pièces de seize : la chaussée de Bruxelles se trouve battue par des boulets jusqu'à la porte de la ville. Un conseil de guerre se tient alors au cours duquel le commandant Marescot expose que « les tranchées sont plus proches de la palissade qu'elles ne l'étaient au siège de 1746 quand la place a capitulé ». En écoutant de telles explications, Saint-Just s'impatiente de plus belle : les troupes républicaines seraient-elles inférieures aux armées de Louis XV ? Jourdan fait tout disposer pour un assaut possible et, le 5, des zigzags se dessinent aux abords immédiats de Charleroi. A ce moment certains ordres sont mal exécutés et Saint-Just fait fusiller un capitaine. Selon d'autres renseignements, il aurait aussi donné par écrit l'ordre d'arrêter immédiatement le général Hatry, le commandant d'artillerie et celui du génie, mais Jourdan, s'entremettant, aurait fait annuler ces dernières décisions.

Quelques historiens ont vivement reproché à Saint-Just l'exécution de cet officier et le commandant Marescot tout amer encore, des années plus tard, du mandat. d'arrêt signé à son détriment par le représentant du peuple, le traite de « cruel despote » avec la particulière fureur rétrospective d'un homme qui a évité de justesse le peloton. Sans doute l'exemple paraissait dur. Mais, à la fin de son rapport sur le siège de Charleroi, Marescot, général, devait écrire : « On ne peut terminer ce récit sans rapporter deux particularités singulières qui prouvent combien les circonstances les plus légères influent quelquefois sur les grands événements de la guerre. » Et il raconte que le retard de trois heures d'un courrier fit perdre la première bataille et lever le premier siège, comme un retard de deux heures dans les pourparlers de capitulation eût sauvé la place. Il était donc regrettable, mais explicable, que Saint-Just, en présence de fautes de service peu graves en elles-mêmes mais lourdes de possibilités néfastes, n'hésitât pas à prendre des mesures atroces pour celui qui les subissait, mais salutaires pour ceux qui s'en trouvaient les témoins. Et sans doute, pouvait-il, lui qui, simple député, marchait à l'assaut au milieu des soldats, demander aux hommes de métier une stricte observance des règlements et l'obéissance passive la plus complète. Il savait le prix des minutes et l'importance des ordres.

Et puis, il se trouvait à une heure particulièrement difficile. Les nouvelles venues de Paris l'inquiétaient. Certes, il approuva la fête de l'Être suprême, cette pompe religieuse qui devait se révéler si dangereuse pour Robespierre. Mais le redoublement de la Terreur, mais les lois d'exception, le faisaient douter de l'avenir. La loi du 22 Prairial le fit sursauter d'indignation et il s'emporta devant son ami Thuillier, sous les arbres du quartier général, quelques jours après le vote : « On ne peut, tranchait-il, proposer une loi rigoureuse et salutaire, que l'intrigue, les crimes, les fureurs, ne s'en emparent, et ne s'en fassent un instrument de mort, au gré des caprices et des passions. » Il ne faut jamais perdre de vue, dans le jugement que l'on porte sur sa politique, ce Saint-Just qui gronde contre les lois de sang, dans un jardin militaire du Nord.

Le siège, mené avec cette vivacité, ne pouvait durer longtemps. Deux sorties opérées par l'ennemi, dans la nuit du 6, n'eurent pas de résultat. Brusquement l'artillerie républicaine écrasa les batteries de Charleroi. Alors les pourparlers commencèrent. Le commandant de la place tâcha de les rendre longs et sinueux, mais toutes les demandes de délai furent modifiées ou refusées. Le 7, les sapeurs touchent les glacis. Les parlementaires vont et viennent, astucieux et rapides. L'un d'eux apporte un pli; Saint-Just le refuse : « Ce n'est pas un chiffon de papier, c'est la place qu'il me faut. » Peu après midi, les grenadiers occupèrent la porte de Bruxelles et les représentants de l'armée entrèrent dans la ville. Tenace, Saint-Just était vainqueur. Mais à peine le drapeau tricolore flottait-il sur la citadelle qu'au lointain roula sourdement le canon. Les Autrichiens arrivaient, en retard de deux heures.

Ils ignoraient la prise de Charleroi. Aussi le 8 Messidor, dès le matin, le prince de Cobourg commanda-t-il l'attaque. Un brouillard assez épais, exhalé de la Sambre et des prairies, assombrissait l'atmosphère. Lentement un aérostat s'éleva hors de ces buées, et pour la première fois un ballon, dont l'observateur renseignait les Français, plana sur un champ de bataille. Dès le début de l'action, quoique celle-ci fût mal engagée par l'ennemi, les troupes du prince d'Orange firent plier la gauche de l'armée républicaine, mais Kléber, jetant des batteries vers le bois de Monceaux, rétablit presqu'aussitôt la situation. Saint-Just s'établit avec l'Etat-Major. Le petit village de Fleurus se retrouvait au centre d'une mêlée. Toute la ligne s'embrasa ; des fluctuations profondes se produisirent ; Jourdan tint solidement au centre mais Marceau vit ses bataillons fléchir vers la Sambre, refluer sur les ponts, et dut les ramener vigoureusement. Saint-Just organisa aussitôt un cordon de surveillance à l'arrière, puis donna l'ordre de sabrer les fuyards, et déclara qu'il ferait fusiller les généraux dont les troupes reculeraient. L'épée à la main, empanaché de tricolore, il chargea lui-même en tête des colonnes, sous le feu le plus violent, enthousiasma les soldats, et courut vers la victoire ou vers la mort. A ce moment la bataille tourna, tout l'intérêt se concentra sur le bourg de Lambusart, clef de la Sambre, tenu par Marceau. Des flammes couraient sur les blés, l'incendie tournoyait, les adversaires se massacraient dans les rues avec une rage implacable. Cependant le jour tombait. Le prince de Cobourg, qui savait maintenant que Jourdan occupait Charleroi, et se rendait compte que d'une extrémité à l'autre de la ligne de

combat les troupes françaises avaient pris nettement
l'avantage, décida le repli. De Gosselies à Lambusart,
les champs calcinés se mouchetaient d'habits rouges.
Dans le crépuscule, des troupes en désordre s'enfon-
çaient sous l'horizon. La Belgique était ouverte.

L'effet produit fut immense. La nation s'exalta.
Des courriers portèrent, bride abattue, la nouvelle à
la Convention. Saint-Just les suivit de près. Dans
tous les hameaux, dans tous les villages, les populations attendaient sa calèche, entouraient aux relais
le jeune représentant du peuple, l'acclamaient. Il
passa dans une fête pavoisée, traversa tout le nord
au milieu d'une ovation frénétique. Dans la nuit du
10 au 11 Messidor, il descendit devant les Tuileries
et gagna la salle où le Comité de Salut public tenait
sa séance. En phrases brèves, imagées, rapides, il
rendit compte de sa mission, retraça la lutte ardente,
terrible, soutenue par les troupes républicaines et
marqua quels développements possibles contenait
cette victoire. Le Comité lui demanda de rédiger le
rapport destiné à la Convention. Mais il se déroba,
estimant que tous les renseignements se trouvaient
dans la lettre officielle du général Jourdan et répugnant
soit à souligner son rôle, soit à le passer sous silence.

Le lendemain, il était à son banc, à la Convention,
lorsque la séance s'ouvrit sous la présidence d'Elie
Lacoste. Barère annonça les victoires, celle que venait
de gagner Pichegru et celle de Fleurus, remportée par
Jourdan. Tous les députés applaudirent furieusement,
et les spectateurs des tribunes agitant leurs chapeaux ou frappant des mains, saluèrent les nouvelles
glorieuses. L'enthousiasme était au comble. Il semblait
que l'air fût plus respirable. Une oppression finissait.

« Les républicains, disait Barère en un étrange langage, ont jonché de lauriers et des cadavres de la ser-
vitude cette même plaine à deux époques très rap-
prochées. Il y a quinze jours qu'avant la prise de
Charleroi six mille esclaves ont péri à Fleurus. C'est
dans le même lieu qu'une bataille signalée vient d'être
gagnée sur ces hordes étrangères, réunies par les chefs
les plus célèbres parmi les brigands. » *Le Moniteur* note
ici des applaudissements répétés. « L'armée ennemie,
continua l'orateur, était commandée par ce que l'on
appelle le prince d'Orange (on rit) pour la droite, par
Beaulieu pour la gauche ; la cavalerie par l'assassin
des vieillards, le ci-devant prince de Lambesc (mouvement d'horreur) et le discret Cobourg commandant
en chef. » A plusieurs reprises, pendant cette curieuse
harangue, la foule massée dans les tribunes crie : Honneur aux armées ! Saint-Just demeure immobile, l'air
absent, presque soucieux. Et la Convention décrète
que l'armée de Sambre-et-Meuse a bien mérité de la
Patrie. Un souffle de concorde et de libération passait.

Le soir, le théâtre de l'Egalité rouvrait ses portes
au milieu d'une pompe officielle. L'ancien théâtre du
Faubourg Germain avait été transformé en salle
populaire « dans laquelle les citoyens ne seront plus
séparés les uns des autres dans des loges, mais où ils
se réuniront et se confondront sur des amphithéâtres
circulaires. » Cet arrangement rappelait, paraît-il,
l'égalité et la fraternité républicaines. Foule énorme,
mais « au milieu de la joie universelle, nous annonce
heureusement *le Moniteur*, l'ordre et la décence n'ont
pas été oubliés un moment. » La représentation débuta
par une scène civique avec quelques strophes de la
Marseillaise et plusieurs danses merveilleusement

exécutées, puis se poursuivit par *la parfaite Egalité*,
comédie, et *le Bourru bienfaisant*. Au milieu du spectacle, un acteur s'avança, et annonça au public la
prise de Charleroi en chantant des couplets de circonstance :

> A chaque instant nouveau succès,
> Chaque jour est un jour de gloire :
> Oui, le Républicain Français
> Vole de victoire en victoire.
>
> J'en viens chanter un avec vous
> Qui nous conduit dans la Belgique.
> Ypre et Charleroi sont à nous...
> Vive à jamais.....

Tous les spectateurs, debout, ne laissèrent pas achever le chanteur et hurlèrent la rime. Chapeaux, mou-
choirs, s'agitaient du haut en bas de la salle, et les cris
de « Vive à jamais la République ! » ne cessaient plus,
chœur immense, cacophonique, et passionné.

Saint-Just semble alors s'être tenu à l'écart. Il avait
refusé de laisser mettre en relief son propre rôle au
siège dé Charleroi et de parler de son courage à la
bataille de Fleurus. Certes, il avait servi magnifiquement son pays. Mais ne s'était-il pas perdu ? Il venait
d'apprendre que depuis quinze jours Robespierre ne
se rendait plus au Comité de Salut public. Il venait
d'apprendre que de subtiles difficultés mettaient en
péril l'unité du Gouvernement. Est-ce que la victoire de Fleurus, qui délivrait le pays de l'invasion
menaçante, n'allait pas permettre d'abolir les lois
d'exception, de rétablir la légalité, d'appliquer la
Constitution ? Est-ce que l'union des membres du

Comité ne devenait pas plus nécessaire que jamais, devant la grande tâche imminente de reconstruction sociale ? Est-ce que... — mais n'arrivait-il pas trop tard ?

« C'était pourtant, écrivait plus tard Levasseur, qui ne l'aimait pas et le calomnia, c'était pourtant l'homme le plus capable, s'il eût été dictateur, de régulariser la République, de rétablir les idées d'ordre et de justice, et d'arrêter l'effusion du sang... »

C'était l'homme le plus capable... Mais, de sa prison, Thérèse Cabarrus traitait de lâche Tallien mordu aux entrailles. Et Fouché, cauteleux, veillait.

Une curieuse anecdote, rapportée en des mémoires intéressants et suspects, veut que Robespierre, visitant quelques jours avant le 9 Thermidor le parc de Bellevue, se soit arrêté devant une statue de Louis XV gisant décapitée sur l'herbe, et que, montrant la tête de bronze, il ait dit à Saint-Just : « On en fera autant de la mienne. » A quoi Saint-Just aurait répliqué en riant : « De la tienne, ou de celle de ta statue ? » Et l'Incorruptible se serait tu.

Il ne semble pas, cependant, que Robespierre, malgré certaines lassitudes passagères, ait connu ce pessimisme final. S'il ne paraissait plus au Comité lorsque Saint-Just revint des armées, il n'en menait pas moins aux Jacobins une lutte habile contre Fouché et ses complices. Au cours de la discussion soulevée par le grotesque procès de Catherine Théot, Verdier, organisateur de cette farce mortelle, l'ayant traité de tyran, il se retira soudain en déclarant à ses collègues : « Je vous affranchis de ma présence. » Et, tout aussitôt, s'appuyant sur le Club, il dessina contre ses adversaires du Comité, une manœuvre oblique. Mais sa grande faute — et qui vraiment le perdit — fut de ne pas agir en pleine clarté, de laisser planer le doute sur ses intentions véritables, et de s'obstiner à ne pas désigner les derniers factieux qu'il entendait envoyer à la guillotine avant de rétablir la Constitution. Certes, deux ou trois fois, il laissa échapper une menace directe. Dans la séance du 24 Prairial, comme il demandait à la Convention la force nécessaire pour « porter le fardeau immense et presque au-dessus des forces humaines » qui se trouvait imposé aux membres du Comité, et que Tallien l'interrompait, il déclara froidement : « Tallien est un de ceux qui parlent sans cesse et avec effroi de la guillotine, comme d'une chose qui les regarde. » Fouché, lui, se sentait également visé, et ses attentions d'amoureux transi auprès de Mlle Robespierre ne le sauvaient pas des foudres du frère. Le 26 Messidor, aux Jacobins, Robespierre l'avait traité d'imposteur vil et misérable et fait quitter la salle. Plus tard, enfin, dans cette étrange séance du 8 Thermidor, où tourna sa chance, il devait mettre en cause, personnellement, Cambon. Mais les autres ? Chacun tremblait d'être inscrit sur la liste funèbre des dernières victimes.

Et pourtant il songeait bien à la clémence. Il ne semble pas, d'ailleurs, qu'il fût le plus acharné à l'application de la loi de Prairial : pendant les six semaines qui précédèrent son départ du Comité, l'on compte à peu près six cents exécutions, alors que pendant les six semaines de son abstention, près de treize cents têtes tombèrent. D'autre part, Bonaparte put lire, à Nice, une de ses lettres qui laissait prévoir la fin de la Terreur. Mais, à ce moment, il se méfie. Aux Jacobins même, dont il se croit sûr, le subtil Fouché a obtenu, le 18 Prairial, la présidence du Club. Aussi prononce-t-il de menaçantes harangues, dénonçant les fripons, les factieux, et faisant allusion

en phrases aux traits obscurs, aux deux Comités de
Salut public et de Sûreté générale. La riposte est difficile, cependant, aux entreprises d'adversaires qui
miment votre défense en vous ruinant : que pouvait-il,
par exemple, lorsque Vadier organisa la journée
des chemises rouges destinée ostensiblement à le
venger d'une prétendue tentative d'assassinat, mais
dont le but véritable était de discréditer, par le
passage dans les rues de cette théorie de coupables
en tunique sanglante, le « dictateur » responsable de
pareils massacres ? Alors il se pose, en phrases solennelles et tristes, comme la victime d'atroces calomnies. En même temps, il prédit la création toute
prochaine d'une république spiritualiste, le règne
imminent de la vertu. Il moralise de plus en plus.
Chez les Duplay, à table, avant le repas, il récite à
haute voix la prière. Offusqué d'entrevoir chez Eléo-
nore une certaine indifférence religieuse, il sermonne
la jeune fille, lui déclare que la pensée de Dieu est
une merveilleuse consolation pour l'âme. Le bouquet
qu'il portait à la main le jour de la fête de l'Être
suprême parfumait ses derniers jours.

Ainsi, reprenant sa place au Comité de Salut public,
Saint-Just se trouvait dans une situation délicate. Il
devait lutter seul contre les membres influents du
Comité qui venaient de prendre rageusement la direction des affaires politiques : Robespierre se cantonnait
décidément dans ses opérations de club ; Couthon,
souffrant, ne venait pas, et l'on n'entendait plus
grincer, dans les couloirs, le lourd fauteuil mécanique
d'infirme dont il maniait si aisément les roues dentées.
Ses collègues le reçurent, d'ailleurs, assez froidement,
et parurent gênés de son contrôle. Il aurait pu jouer,

malgré tout, son jeu séparé, et, dès cette heure, usant du réel prestige acquis aux armées, se tenir à l'écart et sauver sa tête. Un peu de diplomatie aurait suffi auprès des membres du Comité qui, secrètement acharnés contre leur collègue absent, eussent volontiers composé avec lui. Il n'y songea pas. Il gardait sa foi en Robespierre qui, de son côté, ne se confiait pas à lui. Pas un instant il ne dévia de la ligne de conduite nette et directe qu'il s'était tracée. Inflexible dans l'attaque, il ne le fut pas moins dans la fidélité. Mais conscient du péril couru par la République, il essaya de la conciliation, et voulant montrer sa bonne foi, détruire définitivement la légende du triumvirat, demanda que les décisions du Comité, jusqu'alors valables avec trois signatures, fussent désormais obligatoirement signées par six membres. Lui, dont les orageuses colères contre ses collègues se haussaient à un ton tellement insolent que Thuriot avait démissionné pour ne plus subir de pareilles scènes, il entrait, sortait vingt fois pendant les longues séances sans prononcer une parole, ou ne lançant, l'air sombre, qu'une phrase sybilline. Le reste du temps, il se confinait dans son bureau où Barère le voyait toujours « concentré et pensif ».

Cependant ses collègues le prièrent de préparer un rapport sur « les causes de la commotion sensible qu'avait éprouvée l'opinion publique, dans ces derniers temps. » L'occasion s'offrait excellente de préciser les divergences qui séparaient le Comité en deux camps, et d'en terminer avec la menace de scission. En acceptant, il déclara : « Tout ce qui ne ressemblera pas au pur amour du peuple et de la liberté aura ma haine. » Il disait vrai. S'il eût soupçonné l'intégrité politique de Robespierre, il eût condamné l'homme. Mais, précisément, celui-ci parut le lendemain au pavillon de l'Egalité, désireux de fournir à ses collègues du Comité des explications sur son activité extra-parlementaire. L'avant-veille, il prononçait aux Jacobins d'étonnantes paroles : « Eh bien ! oui, je suis un modéré, si l'on entend par ce mot un citoyen qui ne se contente pas de la proclamation des principes de la morale et de la justice, mais qui veut leur application, si l'on entend un homme qui sauve l'innocence opprimée aux dépens de sa réputation. » Une curiosité intense, mêlée de bien d'autres sentiments de crainte et de jalousie, animait les membres des Comités, dont quelques-uns avaient déjà fermement résolu la perte du député qu'ils venaient entendre. Saint-Just défendit Robespierre avec habileté. Il fit un appel véhément à une réconciliation générale, et rapporta ce qu'un officier suisse qu'il interrogea devant Maubeuge avait avoué, en présence de Guiton-Morveau : les alliés n'attendaient de salut pour leur cause que de la disparition du gouvernement révolutionnaire. David, Couthon, Le Bas l'appuyèrent énergiquement. Alors, direct, il accusa Billaud-Varennes, lui reprochant d'avoir, la veille, prononcé le nom de Pisistrate. Quelques-uns des conjurés furent-ils touchés des adjurations de Saint-Just ? On pourrait le croire. Quand la séance fut levée, Billaud-Varennes s'approcha de Robespierre et lui dit : « Nous sommes tes amis, nous avons toujours marché ensemble. » Il sembla qu'une détente se produisait, qu'un programme commun pourrait être établi. Mais, en même temps, Carnot donnait des ordres pour éloigner de Paris une grande partie des compagnies de canonniers parisiennes favorables à la Commune, et par là même dangereuses pour le Comité au cas d'un coup de force. Saint-Just prépara son rapport. Le 6, il laissa, sans prendre la parole, Couthon se livrer à des menaces imagées et mystérieuses. Mais il parlait, dans son canevas, de l'Être suprême. Billaud-Varennes. qui en eut connaissance, protesta. Collot d'Herbois, avec de grands gestes d'acteur, commençait de s'indigner. Alors, brusquement, Saint-Just se démit de ses fonctions de rapporteur, que Barère assuma.

Ce fut le lendemain 7 que le nouveau rapporteur parla devant la Convention. Il traça de Robespierre un portrait anonyme, mais transparent, parla de sa réputation patriotique méritée par cinq années de travaux et par d'inflexibles principes. Frappé de tant d'incertitudes, Robespierre décida de prononcer, sans plus attendre, le grand discours qu'il avait longuement médité, repris, corrigé, mis au point, et qu'il tenait en portefeuille depuis des semaines. Il paraissait sûr de l'effet que produirait sa harangue. Le soir, cette décision prise, il alla se promener du côté des jardins Marbeuf, tranquille, accompagné de son secrétaire, Simon à la jambe de bois. Le chien Brount gambadait devant eux. Lui s'amusa un moment à chercher des hannetons aux écorces des arbres, le long des Champs-Elysées.

Le 8, il prenait la parole. Les spectateurs se pressaient dans les tribunes, attirés par l'annonce de cette sensationnelle rentrée parlementaire. Il parla deux heures. De nouveau, il commit, aggrava la faute de rester dans le vague, de ne désigner nommément, sauf Cambon, nul suspect, et de froidement demander la punition des traîtres, le renouvellement

des bureaux du Comité de sûreté générale, l'épuration
du Comité de Salut public. Combien sentirent s'allon-
ger jusqu'à eux, en écoutant ces demandes sinistres,
l'ombre double des montants de la guillotine ? Mais
combien aussi hésitaient à se lancer dans la lutte,
craignant de se désigner d'eux-mêmes à la vengeance
du petit homme au visage grêlé qui, de temps à autre,
relevait sur son front ses inquiétantes lunettes vertes
et fixait l'Assemblée de son pâle regard ! La fin de la
séance se ressentit de cette confusion. Les motions se
succédèrent, se croisèrent, impression du discours,
renvoi au Comité, envoi aux Communes. Vadier
dessina, de biais, une riposte. Mais Cambon, bondissant
à la tribune, dénonça Robespierre comme le mauvais
génie de la Convention Nationale, et fut rapide, sec,
décisif. Robespierre plia. Il se tint dans l'équivoque.
De plusieurs bancs, des cris jaillissaient : « les noms !
les noms ! ». Il se tut. La motion de renvoi fut votée
et la séance levée.

Il ne crut qu'à un échec partiel et temporaire.
Saint-Just partageait cette impression. En rentrant
rue Saint-Honoré, Robespierre trouva Taschereau
qui s'inquiétait, et qui lui rappela les intrigues et les
calomnies de ses adversaires. « Prenez garde ! », dit-il.
« Je n'en remplirai pas moins mon devoir, répliqua le
député de Paris. Je ne puis supporter cet état de
choses. Mon cœur se brise en pensant qu'au milieu de
nos victoires — la séance avait débuté par l'annonce
que fit Barère de la prise de Niewport, et de celle
d'Anvers — la République n'a jamais connu autant
de danger. Il faut que je périsse ou que je la délivre
des fripons et des traîtres qui veulent la perdre. » Et
comme le bon Duplay insistait : « La masse de l'Assem-

blée est pure. Rassure-toi. Je n'ai rien à craindre. »

Quelques traditions, les unes vraisemblables, d'autres qui apparaissent purement légendaires, sont tenacement attachées à ces dernières heures de Robespierre et de ses amis, et les enveloppent de pittoresque tragique ou de mystère touchant. Selon certains récits, Billaud-Varennes, Barras, Fouché, auraient dîné aux Champs-Élysées, chez Doyen, et comploté leur coup de force dans une salle du premier étage, tandis qu'au rez-de-chaussée Robespierre et Saint-Just se trouvaient à une même table, ignorant que leur sort se décidait sur leur tête : dyptique ironique et humain. Des amateurs de mélancolies historiques voudraient d'autre part que Robespierre, pressentant sa chute imminente, soit revenu à Ermenonville pour évoquer son dialogue d'adolescent avec Rousseau, et, dans un funèbre colloque avec une ombre, dédier son œuvre interrompue aux mânes du vieux maître des magies individualistes et révolutionnaires. Enfin, il semblerait à peu près certain qu'étreint un instant par une indicible tristesse, il ait parlé aux Jacobins, ce même soir du 8, d'un testament de mort. Il se rendit, en effet, au Club, puiscr au milieu de ses troupes les plus fidèles l'assurance de sa force. La salle grondait, en pleine effervescence. Billaud-Varennes, Collot d'Herbois s'y trouvaient, ainsi que David et Dumas. Robespierre relut son discours, qui, haché d'acclamations, produisit un effet énorme. La pensée qu'il se trouvait menacé exaltait cette foule dont il demeurait la sévère et vivante idole, ce fut à ce moment qu'il déclara que le cas échéant, il saurait boire la ciguë. David, au comble de l'enthousiasme et du dévouement, lui cria : « Je la boirai avec toi. » Des citoyens debout, en bonnet rouge et carmagnole, hurlaient : à la guillotine ! en tendant le poing vers Billaud-Varennes et Collot d'Herbois. Les deux conventionnels luttèrent pendant une heure parmi les outrages, puis furent brutalement jetés à la porte. Robespierre demeurait vainqueur. Mais de ce moment jusqu'à celui où il s'écroula ensanglanté sur la table du Conseil général, il accumula les hésitations qui le perdirent.

Cependant, loin de ce tumulte sinistre, Saint-Just préparait, au pavillon de l'Egalité, le rapport qu'il devait lire le lendemain à la Convention, et qui se trouvait à peu près terminé. Se sentait-il épié ? Il ne parlait pas. Mais lorsque Collot d'Herbois, expulsé du Club, et tout écumant de fureur, entra, il lui demanda des nouvelles de la soirée. Incapable de se maîtriser, Collot, le regard sanglant, vociféra avec une mimique de scène. Saint-Just répliqua, d'un accent glacial, qu'il préparait justement contre lui une demande de mise en accusation. Alors Collot d'Herbois s'emporta en injures contre le triumvirat, puis Barère et Lacoste appuyèrent violemment l'insulteur qui finit par jeter à la face de Saint-Just l'étonnante apostrophe de « boîte à apophtegmes » et jura qu'il saurait se défendre. Cette scène décida les membres du Comité à se hâter, et tout aussitôt, ils convoquèrent le maire de Paris, Fleuriot-Lescot, et l'agent national de la Commune, Payan, pour les empêcher de se concerter avec Robespierre. Saint-Just, ignorant les préparatifs d'attaque, promit à ses collègues de leur soumettre son rapport avant de le lire à la Convention, et quitta le Louvre vers cinq heures. Un matin radieux montait sur Paris — le matin du 9 Thermidor.

Un peu plus tard, Couthon, survenant dans la salle

du Comité, cramponné des poings à son fauteuil de paralytique, eut une algarade terrible avec ses collègues qui décidaient l'arrestation d'Henriot. Saint-Just, lui, venait de monter à cheval pour dissiper le malaise d'une nuit de travail et libérer sa pensée au vent plus vif du matin. Il galopait dans le bois solitaire, et les vagues brumes au ras du sol, les grands arbres baignés de jeune lumière, les feuillages presque transparents, entouraient le jeune cavalier d'un paysage de songe, d'une évocation de forêts élyséennes au tapis d'asphodèles. Il méditait sur les incidents de ces heures nocturnes, et, loin de l'atmosphère fiévreuse du Comité, les menaces et les injures de Collot d'Herbois prenaient pour lui tout leur sens dangereux. Les souffles froids, chargés de la vigueur tonifiante et verte des arbres, dissipaient ses illusions : il se voyait seul, maintenant, comme dans ces taillis sans passants. Il comprit qu'il ne pouvait plus compter sur ses collègues, qu'il avait pour suprême ressource l'appel à la Convention elle-même. Il n'hésita pas. Rentré chez lui, il griffonna un laconique billet : « L'injustice a fermé mon cœur ; je vais l'ouvrir à la Convention nationale. » Il le fit parvenir au pavillon de l'Egalité. C'était la bataille.

Il quitta son appartement, dans lequel il ne devait plus rentrer. La chaleur devenait lourde, des nuages commençaient de glisser, s'amoncelaient, descendaient. Le silence anxieux qui précède les orages répondait à l'anxiété muette de Paris.

L'immense salle était comble. Dès huit heures un retardataire ne trouvait plus une place libre dans les tribunes. Vers dix heures, les députés arrivèrent, par petits groupes chuchotants. Dans les couloirs,

des conciliabules rapides sanctionnaient les démarches
de la nuit, les tractations conjuguées des Montagnards
et des protestataires modérés. Bourdon de l'Oise
murmurait à Durand Maillane l'éloge de la droite.
Tallien conférait avec Rovère. Saint-Just, sûr de son
autorité, entra dans la salle, alla s'asseoir près de
Robespierre, sur les bancs les plus élevés de la Montagne. Collot d'Herbois, son insulteur de la nuit,
présidait. La lecture de la correspondance fut rapide,
comme déblayée. On étouffait, des rumeurs couraient
dans les tribunes gonflées d'une populace débraillée,
haute en couleur. Des loges, on se montrait Robespierre poudré, lunetté de vert.

A midi, Saint-Just, son rapport à la main, monte à
la tribune. Aussitôt les membres des Comités, avertis
en hâte, gagnent leur place. Tallien tâte dans son
habit le poignard de Thérèse Cabarrus. La voix froide,
nette, grave, une voix de justicier emplit la salle :
« Je ne suis d'aucune faction : je les combattrai toutes.
Elles ne s'éteindront jamais que par les institutions qui
produiront les garanties, qui poseront la borne de
l'autorité et feront ployer sans retour l'orgueil humain
sous le joug de la liberté publique. »

« Le cours des choses a voulu que cette tribune aux
harangues peut être la Roche Tarpéïenne pour celui
qui viendrait vous dire que les membres du gouvernement ont quitté le chemin de la sagesse. J'ai cru que
la vérité vous est due, offerte avec prudence, et qu'on
ne pouvait rompre avec pudeur l'engagement pris
avec sa conscience de tout oser pour le salut de la
Patrie. »

« Quel langage vais-je vous parler ? Comment vous
peindre les erreurs dont vous n'avez aucune idée, et

comment vous rendre sensible le mal qu'un mot
décèle, qu'un mot corrige ? »

« Vos comités de sûreté générale et de salut public
m'avaient chargé... »

Une voix brusque. Tallien est descendu dans l'hémicycle : il veut déposer une motion d'ordre. Au mépris
du règlement, il parle. Surpris, Saint-Just s'est tu.
De la tribune, maintenant, il va, silencieux, voir se
dérouler tout l'effroyable et mortel tumulte... Tallien
demande furieusement que le rideau soit déchiré.
Mais que fait le Président ? Impassible, Collot d'Herbois ne bronche pas. Il joue magnifiquement son
rôle. Subitement Billaud-Varennes se lève, fait
mettre à la porte des tribunes un des Jacobins qui
l'injuriait la veille, puis, dans le bruit de l'expulsion,
au milieu des applaudissements, reproche à Saint-Just
de n'avoir pas soumis son rapport au Comité ; il
s'emporte contre Robespierre, rappelle à l'assemblée
qu'elle se trouve entre deux égorgements. A ces mots,
Saint-Just voit, dans une lumière trouble de cauchemar, les députés se dresser, brandir leurs chapeaux ; dans les tribunes, les spectateurs haletants,
qui flairent l'odeur de la chute, sont debout, eux
aussi, applaudissent à tout rompre. Eh quoi ? la
partie serait perdue ? Voici Le Bas qui surgit, tragique, et qui menacé de l'Abbaye, se tait. Voici que
Billaud-Varennes, implacable et roux, le bras tendu,
accuse maintenant Robespierre d'avoir voulu sauver
Danton, et jure que tous les députés vont mourir à
leur poste. Va-t-il enfin pouvoir continuer ? Il roule
le manuscrit dans ses mains. Il va... Mais Robespierre
descend précipitamment des bancs de la Montagne,
s'accroche à la tribune. Des hurlements s'élèvent, une

énorme fureur emporte ces hommes. Des poings se tendent, des regards brûlent. C'est la curée.

A bas le tyran ! — Saint-Just va céder sa place à Robespierre, mais il le voit quitter les degrés, marcher dans l'hémicycle, et Tallien, blême, agiter un poignard, le poignard de Thérèse Cabarrus, en déclamant qu'il le réserve pour Cromwell. Robespierre se jette au-devant de l'histrion, écarte les revers bleus de son habit. Devant ce geste, le calme revient un instant. La chaleur est lourde, l'orage suspendu enveloppe Paris. Saint-Just entend, dans cette accalmie de stupeur, demander et accorder l'arrestation d'Henriot, de son état-major, de Boulanger, de Dumas, de Dufraise ; il entend demander et décider que l'assemblée siègera en permanence. Des applaudissements furieux scandent tous ces votes. Robespierre, toujours devant les bancs des députés, veut se défendre. Les hurlements recommencent. Les chapeaux s'agitent. Les injures pleuvent. Dans la tribune des ambassadeurs, Georges Duval note que le tonnerre pourrait tomber sur la salle sans qu'on l'entendît. Mais l'orage, là-haut, n'éclate pas, ne brise pas cette tension effroyable des nerfs. Et les députés votent sans relâche. Tout ceci ne va-t-il pas finir ? Saint-Just attend toujours, immobile, dominant l'assemblée, et parfois pâlissant, parfois rougissant. Parlera-t-il ? Il sait que si la Convention écoutait le discours qu'il tient entre ses mains... Mais les conjurés le savent et il ne parlera pas. Voici Vadier, avec sa tête de blagueur sinistre, sa longue tête maigre de pitre, qui se lève, et qui parle de Catherine Théot, de toutes ces vieilles imbécillités policières. Des stipendiés ricanent. Mais Tallien revient à la charge. Tout ce temps perdu... Il a hâte... Ne faut-il-pas, à tout prix, qu'il sauve sa maîtresse ? Et puis il est trop tard pour reculer : ce sont des têtes qui se jouent. L'assemblée, les tribunes halètent. Robespierre veut répondre à Tallien : « C'est faux. Et je... » Des cris retentissent, des vociférations couvrent la voix du député de Paris. Robespierre revient vers ses anciens partisans, mais les Montagnards se détournent. Alors, il se jette vers le centre : « C'est à vous, hommes purs, que je m'adresse et non plus aux brigands... » Une clameur s'élève, la clochette sonne. Il s'adresse au Président : « Pour la dernière fois, président d'assassins, je te demande la parole ! » Mais Collot d'Herbois vient de descendre du fauteuil et c'est Thuriot qui lui répond : « Tu ne l'auras qu'à ton tour ! » Et la clochette sonne, sonne toujours. Alors Saint-Just le voit aller et venir, petit, grêle, en habit bleu ciel et culotte de nankin, devant la masse sombre des conventionnels agités comme des vagues. Il tournoie. Garnier de l'Aube vocifère : « Le sang de Danton t'étouffe. » Et lui, sursautant, comprenant dans un éclair sous quelles collusions de rancunes il succombe... « Ah ! c'est donc Danton que vous voulez venger ! Lâches ! Pourquoi ne l'avez-vous pas défendu ? » Il fonce vers les bancs où croupit le marais, entre dans les rangs, mais les modérés s'écartent indignés, et une voix — la voix de Gaudin — crie : « Retire-toi, scélérat ! C'est ici le banc de Vergniaud ! » Robespierre recule. Ce ne sont plus des hommes qui surgissent devant lui, mais entre les places, dans le vide, des ombres. Des spectres sont là, qui le poussent vers la barre. Il est accablé, tout en sueur. On y voit à peine ; le jour gris colle aux vitres, en reflets de nuées lourdes de foudre. Toujours cette même lueur de cauchemar dans laquelle Saint-Just l'aperçoit alors qui chancelle. Là haut, dans les tribunes, les cocardes ont l'air d'yeux rouges qui suivent le drame. Et tout à coup, en bas, un député inconnu, Louchet, propose l'arrestation de Robespierre. De rares applaudissements crépitent, dans l'immense vaisseau, puis, brusquement, une rafale, un ouragan de cris, d'acclamations. Le motif juridique ? Lozeau le fournit : Robespierre fut dominateur. Aussitôt le vote tombe comme une pierre de sépulcre.

Saint-Just est toujours à la tribune. Ces bouffons tripoteurs, ces sadiques de Nantes ou de Lyon, ces futurs valets de l'Empire ont au-dessus de leur fureur, de leurs cris, de leur écume, ce beau jeune homme glacé de mépris et de silence. Va-t-il, cependant, pouvoir défendre Robespierre vaincu, prononcer enfin les phrases qu'il écrivait cette nuit, qui sont là, sur ces feuillets : « Ne croyez pas au moins qu'il ait pu sortir de mon cœur l'idée de flatter un homme. Je le défends parce qu'il m'a paru irréprochable et je l'accuserais lui-même s'il devenait criminel. » Flatter un homme... ce misérable écroulé, fini, que les huées poursuivent encore, tandis qu'Augustin Robespierre parle ? « Je suis aussi coupable que mon frère, je partage ses vertus, je veux partager son sort. Je demande aussi le décret d'accusation contre moi. » Un frisson court de travée en travée. Mais, Robespierre, tremblant d'émotion, veut protester, et toute la Convention n'est plus qu'un tourbillon noir. Thuriot se couvre, puis dans une explosion d'enthousiasme, l'assemblée, debout, décrète d'accusation ce coupable d'amour fraternel. Vive la République ! crient plusieurs con-

ventionnels ; et l'on entend la voix enrouée de Robespierre : « La République est perdue » ! Des députés
s'épongent le front, d'autres, demeurés debout, voci-
fèrent toujours, les tribunes bouillonnent, se joignent
au vacarme. Des tricoteuses jettent des cris aigus,
des forts de la halle, le bonnet phrygien en arrière sur
leur front gluant, la chemise ouverte sur la brous-
saille de leur poitrine, grondent. On entend claquer des
sabots. C'est un tumulte inouï dans une serre suffo-
cante. Saint-Just est à la tribune, muet, depuis près de
quatre heures. Il ne sait pas que tout à l'heure Barère
confiait à Billaud-Varennes : « N'attaque que Robespierre. Laisse Saint-Just et Couthon. » Il attend.
Mais la voix de Louchet, brutale, reprend : « Nous
avons voulu voter l'arrestation des deux Robespierre,
de Saint-Just et de Couthon. » Saint-Just ne bouge
pas.

Alors, il voit se lever à son banc son ami Le Bas,
son frère d'armes, le compagnon des belles heures
de victoire et de délivrance. Le Bas a une jeune
femme, un fils de quelques mois, mais il veut leur
laisser l'honneur. En vain ses voisins le tirent-ils par
son habit, veulent-ils le faire asseoir, le sauver par le
silence, il parle : « Je ne veux pas partager l'opprobre
de ce décret. Je demande aussi l'arrestation. » Tous
ces hommes déchaînés qui jouèrent tant de fois aux
Romains reçurent, en cette minute, une grande leçon
de véritable stoïcisme.

Saint-Just voit encore Robespierre se diriger vers la
tribune, nerveux, tandis que Fréron l'injurie. Tumulte.
A peine entend-on le président intimer aux huissiers
l'ordre d'exécuter le décret. Devant l'attitude hautaine
des cinq accusés, des cris retentissent : « A la barre ! »

Lozeau, trop heureux de se silhouetter sur le reflet de cette chute et d'entrer dans l'histoire, fût-ce en piétinant des vaincus, insiste. Robespierre, son frère, Le Bas se dirigent vers la barre, Couthon y est amené. Alors Saint-Just comprend que le drame s'achève. Il méprise ces hommes dont la force est faite de peur, et n'obéit qu'au destin. Il pose son discours sur la tablette de la tribune. Il est quatre heures et demie.

Ils sortirent entre les gendarmes. Le petit cortège traversa la cour des Tuileries pour gagner l'hôtel de Brionne. Des curieux se pressaient. Le ciel pesait, sinistre, étouffant.

XVII

Les cinq prisonniers dînèrent dans une petite salle qui servait de bureau à un des secrétaires du Comité, puis furent séparés. Les gendarmes menèrent Saint-Just aux Écossais.

Il ne put même pas y être incarcéré. Les membres de la Commune présents à l'Hôtel de Ville avaient appris avec stupeur, par le substitut Lubin, l'arrestation de Robespierre et de ses amis : n'hésitant pas devant l'insurrection ils avaient défendu aux geôliers des différentes prisons d'accepter un seul nouveau prisonnier sans leur autorisation. Henriot partit à cheval, fou de colère, suivi de cavaliers, prit d'assaut la salle du Comité général, fut saisi et enchaîné par les gendarmes de la Convention, puis délivré par ses canonniers. En même temps, la Commune donnait l'ordre de sonner le tocsin et lançait une adresse aux sections, énumérant les ennemis de Robespierre, un Amar, riche de trente mille livres de rentes, un Dubarreau, ex-noble, et « des monstres comme un Collot d'Herbois, ce comédien d'ancien régime qui vola jadis la caisse de la troupe, » ramassis de corrompus et de scélérats. Le peuple hésitait. L'atmosphère était moite, pâle. Une panique soufflait dans le vent d'orage. D'aigres cloches sonnaient sur la ville. Tout haletait.

La Commune et la Convention décrétaient, réciproquement, l'arrestation de leurs chefs. Les geôliers refusaient les prisonniers, mais les prisonniers, désireux de rester dans la légalité, et songeant à leur défense devant ce tribunal révolutionnaire dont Marat sortit acclamé, refusaient, comme le firent Robespierre et Couthon, la liberté imposée. Les sections se réunissaient, palabraient ; des groupes stationnaient dans les rues. Des charrettes passèrent, traînant à l'échafaud, vers la place du Trône, au milieu des malédictions de la foule, des malheureux qu'un retard de quelques heures aurait sauvés.

Saint-Just arriva vers sept ou huit heures à l'Hôtel-de-Ville, où il trouva Augustin Robespierre, déjà libéré, qui achevait de haranguer la foule. Fleuriot-Lescot et Payan venaient d'adresser un appel ardent à Robespierre pour le supplier d'accéder au vœu de ses gardiens et de quitter la Conciergerie. Saint-Just écrivit dans le même sens à Couthon qui parut plus tard, porté par un gendarme patriote. Une immense acclamation retentit lorsque, les portes de la salle du Conseil général s'ouvrant, les cinq députés apparurent. Les troupes d'Henriot campées sur la place gardaient l'Hôtel de Ville dont les fenêtres s'illuminaient de lampions. Les chefs sentaient autour d'eux l'odeur, la respiration énorme de la foule. La partie était virtuellement gagnée. Déjà, aux Tuileries, les conventionnels parlaient de mourir sur leurs sièges. Si Henriot, au lieu de pérorer à la Commune, avait donné aux canonniers des ordres précis, s'était, au moment opportun, mis à leurs têtes, la Convention s'écroulait. Mais, dès onze heures, cette même partie est perdue. Henriot a parlé. Robespierre hésite. La

Convention agit, nomme par acclamations Barras chef de la Garde Nationale. Alors, sur les places, dans les rues, des torches mouvantes jettent de cruelles lumières : douze députés, la poitrine barrée de l'écharpe tricolore, encadrés d'huissiers, lisent le terrible décret de mise hors la loi. Autour de la table du Conseil général, dans la grande salle mal éclairée, aux ombres dansantes, les cinq et les membres de la commune s'apprêtent à rédiger — deux heures trop tard — — l'appel aux armes. Une question se pose, à ce moment, angoissante pour ces juristes, pour un moraliste pointilleux comme Robespierre. Au nom de qui ? Couthon proteste : à eux cinq, ils représentent mieux la Convention que les députés qui, en ce moment, dans la salle des Machines, ne sont plus sous l'image de Brutus qu'une poignée de factieux. Robespierre hoche la tête, consulte son frère, et déclare : « Mon avis est qu'on écrive au nom du peuple français. »

La plume grince. Mais le mystérieux destin est, ce soir, de connivence avec Barras. Les nuages ont baissé encore. Voici qu'il pleut, violemment, une grosse pluie d'orage qui balaie, emporte. Les canonniers d'Henriot s'égaillent. La place est vide, maintenant, devant la grande façade aux fenêtres illuminées. La pluie tombe, lourde, chaude, historique. Un à un les membres de la Commune signent.

Soudain un brouhaha, des cris, des bruits d'armes dans les escaliers. Tous se regardent. Serait-ce ?... L'aide de camp d'Henriot, Ulrick, a livré le mot d'ordre. Les portes cèdent, les soldats, menés par Léonard Bourdon, se précipitent. Un coup de feu : Robespierre tombe, la mâchoire fracassée, en avant, sur la table. Dans la louche clarté, une vision d'émeute et d'effroi. Saint-Just se précipite vers le blessé, épanche son sang. Mais les gendarmes se jettent sur lui : il sort de sa poche un petit couteau et le leur remet, puis, froidement, hautainement résigné, il se laisse arrêter. Au même instant, il voit Augustin Robespierre, ses souliers à la main, enjamber une fenêtre, filer par les appuis. Dans ce tourbillon, un nouveau coup de pistolet retentit : Le Bas s'est fait sauter la cervelle. Couthon, malhabile, presque paralysé, a roulé l'escalier, gémit au bas des marches sous les injures et les coups. Des portes battent. Des fuites noires. Des poursuites luisantes d'armes.

Saint-Just, sans chapeau, les mains liées, suivit le cortège lamentable de Robespierre ensanglanté et de Couthon râlant, transportés sur des civières. Il entra à deux heures du matin dans la salle d'audience du Comité, jeta un regard vers le grand tableau de la Déclaration des droits de l'homme et murmura : « C'est pourtant moi qui ai fait cela. » Puis il se tut — pour toujours. Que lui importait désormais la vaine poussière ? Il pensait à la vie indépendante qu'il s'était donnée dans les siècles et dans les cieux.

Les gendarmes lui montraient en ricanant Robespierre étendu sur une grande table à dorures et pieds griffus, essuyant ses lèvres sanguinolentes avec un sac de peau blanche, et, hilares, ils écartaient les curieux : « Laissez-le voir son roi pareil à un autre homme. » Beaucoup de députés, quittant la séance, vinrent insulter les prisonniers. Billaud-Varennes, mauvais dans son triomphe, nargua Robespierre mourant. Tous, bien protégés par les gendarmes, se vengeaient de leur longue lâcheté. Saint-Just considérait ce triste spectacle avec hauteur. A l'aube, escorté d'Elie Lacoste, le chirurgien vint panser Robespierre. Puis les gendarmes emportèrent l'agonisant, au milieu d'une foule, jusqu'à la salle de la Convention, où les députés refusèrent de le recevoir, et l'amenèrent enfin à la Conciergerie. A onze heures, Saint-Just entrait à son tour dans la maison d'arrêt. L'orage avait fui. La journée s'annonçait splendide.

Vers cinq heures du soir, Saint-Just monta dans la première charrette, magnifique d'impassibilité, son habit bleu déboutonné sur le gilet blanc. Il se trouvait près de Fleuriot-Lescot. Ses yeux graves regardaient plus haut que la foule. Se souvenait-il de Blérancourt, de la fièvre d'idées de son adolescence ? Croyait-il à l'écroulement de son œuvre ou à l'avenir de la République ? Que respirait-il dans l'air encore chargé de salpêtre ? Miasmes de sépulcre ? Ether d'immortalité ? Regrettait-il la vie ? Qui le dira ? Dix-huit condamnés, parmi lesquels Henriot, Dumas, l'officier municipal Bernard, un jeune homme qui avait eu le malheur de présider, la veille au soir, la séance des jacobins, s'entassaient dans les charrettes en même temps que Robespierre et ses trois collègues.

L'échafaud avait été transporté en hâte place de la Révolution, près de la statue de la Liberté, sur ces mêmes pavés que foulèrent Louis XVI et Danton. Une foule innombrable emplissait les rues. Des femmes en toilette d'été, largement décolletées, fleurissaient les fenêtres, riaient aux plaisanteries d'hommes élégants ; les marches de Saint-Roch regorgeaient de monde ; des filles peintes applaudissaient au passage du lugubre cortège, et la future jeunesse dorée exultait : on avait évité le règne de la Vertu.

Les charrettes avançaient avec lenteur. Derrière

elles, l'infâme Carrier, le noyeur de Nantes, se croyant
sauvé, dansait de joie, hurlait : « A mort ! » Les gendarmes désignaient aux passants, de la pointe du sabre,
Robespierre et Saint-Just. Rue Saint-Honoré, devant
la maison Duplay aux volets clos, à la porte verrouillée,
les charrettes s'arrêtèrent ; un gamin trempa un balai
dans un seau de boucherie, et chamarra la muraille
d'une aspersion de sang. Puis des mégères tour-
noyèrent, en ronde effrayante, autour de ceux qui
allaient mourir.

Les charrettes repartirent, tournèrent sur la place
envahie d'une noire multitude. Les fenêtres, les toits
du garde-meuble, les terrasses des Tuileries, n'étaient
qu'un fourmillement de têtes. Saint-Just vit l'espace
libre, les arbres touffus, les quais de la Seine, le dernier décor de sa vie ; il entendit les rumeurs profondes. Des nuages glissaient encore sur Paris. Un
couchant de pourpre magnifiait les Champs-Élysées.

Henriot, meurtri, saignant, un œil pendant sur la
joue, mourut le premier. Robespierre, selon une tradition d'échafaud, devait clôturer le supplice. Plusieurs des condamnés, blessés, durent être portés sur la
planche par les valets de l'exécuteur. D'énormes, de
frénétiques acclamations saluaient chaque tête tombée. Tout à coup l'immense foule se tut.

Saint-Just montait les marches. Impassible et beau,
une fleur rouge à son habit, il montait vers le couperet. Les spectateurs de ce massacre, bouleversés
d'une mystérieuse émotion, crurent voir dans ce jeune
homme aux mains liées, au col ouvert, l'idéal même
de la Révolution. Il mourut sans un mot, dans un
trépas de sphinx. Les aides le poussèrent, l'acier
tomba. Il n'avait pas cillé devant la mort, et le bour-

reau tendit vers la foule muette une tête pâle aux yeux grands ouverts.

Lorsque Robespierre se fut, l'un des derniers, jeté sous le couteau pour cesser de souffrir, et fut mort dans un hurlement de douleur, les valets chargèrent rapidement les corps sur deux tombereaux, et roulèrent les vingt-deux têtes dans un grand coffre. L'inhumation eut lieu, la nuit tombant, au petit cimetière des Errancis, rouvert pour cet ensevelissement. Les fossoyeurs, dans cette fin de drame digne d'Hamlet, jetèrent de la chaux vive sur les restes des suppliciés. L'on referma le cimetière, et l'on grava au-dessus de la porte ce seul verbe : Dormir. La Révolution était finie.

XVIII

Porter un jugement précis sur Saint-Just présente un secret danger. Il s'agit ici de mesurer un élan, d'apprécier une hypothèse. Aussi demeurera-t-il toujours en proie aux discussions passionnées. Nul ne fut plus calomnié que lui par les thermidoriens à la fois et par les royalistes, qui, suspectant son désintéressement personnel, n'ont brossé que la caricature sanglante de ce jeune homme froid et mystérieux. Mais Nodier, qui le connut, put écrire : « Il s'occupait des enfants, il aimait les femmes, il respectait les cheveux blancs ; il honorait la piété, il croyait au respect des ancêtres, et au culte des sentiments. » Sainte-Beuve a fait cracher sa plume noire sur la page qu'il lui consacra. Mais ceux qui le louèrent ont pensé à Napoléon et parlé de Pascal.

Orateur, il fut âpre et puissant. Certes, ses discours sont gâtés çà et là par le mauvais goût du temps, mais des phrases étincelantes et sombres y passaient, soulevant l'auditoire, qui nous subjuguent encore. L'apostrophe sur la vie indépendante dans les siècles et dans les cieux nous donne le même frisson d'infini que la pensée fameuse sur le silence effrayant des espaces. Il a frappé des formules qui demeurent, et fixé dans une forme impérissable quelques-unes des maximes de la Révolution. Il rompt avec la tradition du xviiie siècle, et déjà, par de brusques éclairs, annonce le romantisme.

Homme d'action, il fut d'un réalisme fort et lucide. Lamartine le peignit comme un rêve de la République de Dracon. Mais si l'auteur des *Girondins* avait montré, au gouvernement, la même volonté sévère, la Révolution de 1848 et l'histoire de la seconde moitié du xixe siècle eussent pris un autre cours.

Réformateur, il mêla toujours à ses conceptions pratiques un esprit religieux. Son spiritualisme intransigeant, conjugué avec son sens avisé des réalités, l'apparente aux fondateurs d'ordres dont l'idéalisme fut toujours pratique. Et, créateur de la mystique républicaine, il a donné à la Démocratie sa charte véritable avec la Déclaration des Droits de l'Homme.

S'il fallait le définir d'un trait, on pourrait dire qu'il fut une inexorable volonté au service de la justice absolue. La puissance des hommes de sa trempe, et la marque même de leur force, c'est que, perpétuant leur action à travers les successives réalisations humaines, ils offrent à chaque nouvelle époque un aspect de leur caractère ou de leur œuvre qui, soudainement, apparaît actuel et se révèle fécond. A toutes les heures de trouble et de doute, alors qu'une revision hardie des valeurs sociales engendre dans trop d'esprits le scepticisme d'abord, l'hésitation ensuite, alors qu'une civilisation se dissout faute de principes ou plus encore faute d'oser appliquer ses principes, Saint-Just indique l'unique moyen de salut. Vouloir implacablement et jusqu'à la mort. Vouloir la Justice.

ACHEVÉ D'IMPRIMER
LE 28 SEPTEMBRE 1929
PAR F. PAILLART A
ABBEVILLE (SOMME)